KB075304

중세

THE
MIDDLE
AGES

연암서가
인문교실

중세

미리 루빈 지음
이종인 옮김

THE
MIDDLE
AGES

연암서가

일러두기
본문 중의 지명과 인명의 표기는 원어 발음을 기준으로 한 것입니다.
다만 원어를 찾을 수 없는 경우 영어식 표기를 따랐음을 밝힙니다.

옮긴이의 말

───────

　이 책은 생각하는 독자들을 위한 '위키피디아'라고 불리는 옥스퍼드 대학의 〈아주 짧은 입문서*Very Short Introduction*〉 시리즈 중 한 권인 『중세*The Middle Ages*』(2014)를 완역한 것이다. 저자인 미리 루빈(1956~)은 예루살렘의 히브리 대학을 졸업하고, 이어 영국 런던의 케임브리지 대학에서 유럽 중세사 연구로 박사학위를 받았다. 현재 런던 소재 퀸 메리 대학의 중세사 교수로 봉직하면서 특히 문화사의 관점에서 중세를 연구하는 학자로 알려져 있다. 그녀는 이 책의 〈들어가는 글〉에서 중세 유럽의 사람들과 생활공간들에 대하여 좀 더 자세히 다루겠다는 집필 의도를 밝힌다. 예전의 역사서는 주로 왕들과 사건에 관한 것이었다. 주로 무슨 왕 뒤에 무슨 왕이 나왔고, 무슨 사건 뒤에 무슨 사건이 벌어졌다는 식의 인물이나 사건의 나열이었는데 이 책의 저자는 그런 위인이나 사건보다는 그 시대를 살았던 많은 평범한 사람들의 생활이나 생업을 소개하고 또 그들의 생각까지도 담아내는 역사, 그러니까 문화사를 지향하는 관점에서 이 책을 써나갔다.

중세가 다시 조명을 받기 시작한 것은 계몽시대 이후의 일이었다. 중세 교회의 획일적 억압과 광신에 반대한다면서 계몽주의는 신성보다는 이성을, 저승보다는 이승을 더 중시해야 한다고 가르쳤다. 그러나 물극필반(物極必反: 사태가 극단적인 상황에 도달하면 정반대로 되돌아감)하여 결국 계몽주의는 프랑스 대혁명의 감정적 무지와 비합리적인 광신으로 이어져서 계몽이 아니라 반계몽을 낳았을 뿐이다. 이에 대한 반발로 낭만주의가 생겨났고, 낭만주의는 이성이 아닌 감성을 진실의 기준으로 삼았다. 사상의 추는 다시 한 번 크게 흔들렸다. 데카르트의 "나는 생각한다, 고로 존재한다."라는 계몽주의적 외침은 루소의 "나는 심장의 두근거림을 느낀다, 고로 나는 인간을 이해할 수 있다."라는 낭만주의적 주장에 밀려났다. 이처럼 낭만주의 시대가 도래하

중세

면서 중세에 대한 동경이 다시 고개를 들었다. 무엇보다도 중세 1천 년 동안 존속되어 온 그 엄정한 질서와 변화없음과 한결같음에 그리움이 생겨난 것이다.

우리는 중세라고 하면 교회의 지배 아래에 있는 세상, 봉건제에 의해 주군과 신하의 관계가 엄격하게 정립되어 있는 세상, 도시와 농촌의 생활환경이 근 1천 년 동안 변하지 않은 세상 등을 떠올린다. 그러나 저자는 이런 외관에만 넘어가서는 안 되며 중세인의 삶이나 현대인의 삶이나 행복을 원하고, 향상을 추구하며, 원만한 인생을 바랐던 점은 똑같았다는 전제에서 출발한다. 그러면서 저자는 중세 사람들이 실제로 살았던 환경에 집중하면서 특히 제2장과 제3장에서 중세의 생활과 기독교 사상을 살펴보고 있다.

이 입문서는 중세 사람들이 살았던 모습이나 중세 기독교 사상의 복잡 미묘한 사항을 세부적으로 제시하기보다는 전반적인 윤곽을 선명하게 제시하는 것을 지향한다. 그리하여 이 책은 중세 사람들이 살았던 사회의 윤곽을 귀족·자유민·농노의 신분과, 농촌·도시·결사체라는 장소와, 교권·왕권·금권의 권력이라는 관점에서 설명해나간다. 또한 이 세상이 빨리 지나가고 저세상으로 가기를 바라며 수도원으로 들어갔던 중세 사람들의 내세 사상과, 교회의 권력이 세속의 권력과 맞서서 자신을 지켜온 과정을 잘 요약한다. 내세 사상과 관련하여, 1200년경에 도입된 연옥의 개념은 중세 사람들이 그 이전부터 믿어왔던 신앙을 잘 보여준다. 그들은 사후에 거룩한 사람은 곧장 천국으로 가고 악인은 곧바로 지옥으로 떨어지지만 대부분의 사람은 연옥으로 간다고 믿었다. 연옥에서 고통의 정화 과정을 거친 사람만이 천국에 올라가는데 그곳에 어느 정도 머무는지 알 수가 없다. 그래서 지상에 남은 사람들은 기도와 선행을 많이 함으로써 사후에 이 연옥기간을 줄이려고 노력해야 하며, 또 죽은 이들을 위한 대도(代禱)는 이미 연옥에 가 있는 사람들의 시간을 줄여줄 수 있으므로, 자기 자신은 물론이고 이미 사망한 일가친척과 친지를 위해서도 열심히 기도를 올릴 필요가 있었다. 수도원에서 하루 일곱 번씩 바치는 기도 생활은 바로 이런 공력을 쌓기 위한 것이었다.

저자는 이 책으로 중세의 개요를 전반적으로 파악하고 그다음에 좀 더 구체적인 사항을 알아보려는 독자를 위해서 책 뒤의 〈더 읽어야 할 책〉에서 마르크 블로크(Marc Bloch)의 『봉건사회*Feudal Society*』, 자크 르 고프(Jacques Le Goff)의 『중세 문명*Medieval Civilization*』, 앙리 피렌(Henri Pirenne)의 『중세의 도시들*Medieval Cities*』, 에일 린 파워(Eileen Power)의 『중세 사람들*Medieval People*』을 소 개한다. 역자는 이 중 맨 뒤의 책을 2010년에 번역한 바 있는데, 그 덕분에 저자 미리 루빈이 이 책에서 설 명한 중세 사람들의 생활상 개요가 에일린 파워가 묘 사한 중세적 삶의 구체적 모습과 정확하게 일치한다 는 것을 확인할 수 있었다. 파워의 저작은 주로 중세 의 농민들과 여성들을 다루고 있어서, 교직자와 평신 도의 모습을 잘 파악할 수 없는데 이것을 위해서는 요한 하위징아(Johan Huizinga)의 『중세의 가을*Herfsttij der Middeleeuwen*』을 함께 읽기를 권한다.

감사의 말

〈아주 짧은 입문서〉 시리즈에 들어가는 책 한 편을 써보라는 초청은 영광이면서 기회이다. 그렇지만 아주 힘든 일이기도 하다. 내가 과거와 현재의 역사가들로부터 배운 많은 것이 이 책 속에 들어갔다. 또한 강의 중에 학생들의 질문에 대답하면서 얻게 된 통찰도 집필에 큰 도움이 되었다. 옥스퍼드 대학 출판부는 다섯 명의 전문가에게 나의 집필 개요를 판단하게 했고 두 명의 동료가 최종 원고를 읽어주었다. 나는 이 익명의 협력자들의 조언을 아주 높이 평가한다. 그 외에 많은 친구가 유익한 의견과 좋은 정보를 제공해주었고 몇몇 사람은 원고를 모두 읽고서 비평적 논평과 격려

중세

를 아끼지 않았다. 그들의 이름을 여기에 열거하면 다음과 같다. 매슈 챔피언, 피터 덴리, 에마 딜런, 야니브 폭스, 이츠학 헨, 이열 폴레그, 마그누스 라이언, 크리스 스파크스, 가레드 스테드만 존스, 데이비드 윌리스, 사이먼 얘로.

나는 에마 마가 이끄는 옥스퍼드 대학 출판부의 역동적인 팀에게도 감사한다. 이 팀은 아주 친절한 지도와 전문적인 지원을 해주었다. 최종 원고를 아주 꼼꼼하게 읽어준 도로시 맥카시에게도 감사드린다.

이 책을 나의 친구이며 뛰어난 역사가인 슐라미트 샤하르에게 바친다.

───────

　이 간단한 입문서는 보통 중세라고 알려진, 500년경
에서 1500년경에 이르는 장기간의 유럽 역사에 대하
여 두 가지 유익한 접근 방법을 제시한다.

　중세라는 용어는 어느 한 '시대'를 가리키는데 이는
오해를 불러일으키기 딱 좋다. 왜냐하면 '시대'라는
개념은 우리가 장기간에 걸쳐 변화해온 어떤 방대한
지역을 다루고 있다는 사실을 간과하기 때문이다. 우
리가 그 연속성과 변화 상태를 탐구해보면 유럽은 이
기간 동안 어떤 동일한 리듬에 따라 살아오지 않았다
는 것을 발견한다. 중세 초기부터 이탈리아, 이베리아,
남부 프랑스에는 번성한 도시의 생활이 있었지만 다

른 지역은 그렇지 못했다. 가령 잉글랜드와 프랑스는 12세기에, 보헤미아는 13세기에, 발트 해 지역은 겨우 14세기에 가서야 도심이 번성하고 상업이 발전했던 것이다. 또한 유럽의 여러 지역은 다른 시기에 기독교를 받아들였다. 로마는 원시 기독교 공동체들이 로마에 들어온 시절부터, 프랑크족은 500년경에, 아이슬란드는 1000년경에, 발트 해 지역의 리보니아는 1300년대에 기독교를 받아들였다. 종교적 변화까지 감안해 본다면 교구 제도가 대부분의 유럽 지역에 도입된 것은 1200년 이후였다. 만약 농업 생활의 리듬이라는 관점에서 살펴본다면, 중세의 많은 양상이 18세기까지 그대로 유지되었다.

우리가 앞으로 살펴보겠지만 중세시대에는 여러 문화와 민족이 서로 접촉하면서 배움을 주고받았다. 그들은 때때로 충돌했으나 결국에는 서로 융합되었다. 이 시대의 도시 생활, 기독교의 정신적 유산, 시민의 개념, 무역, 공동체(res publica)를 위해 봉사하는 사람을 선거로 뽑는 원칙 등에는 로마제국의 영향이 작용했다. 또 게르만 민족의 친족 바탕 사회의 가치와 제도 등도 점점 중세의 생활에 영향을 미쳤다. 게르만 민족을 가리켜 바바리언(barbarians: 문자적 의미는 "수염을 기른 자들")이라고 했는데 이들은 이미 중세 초기에 로마제국의 오랜 이웃이었는가 하면 그 구성원이기까지 했다. 여기에다 7세기부터 지중해 국가들에 퍼진 이슬람의 영향도 추가해야 한다. 이슬람 유럽은 정치적 영향력과 지식의 전파라는 점에서 상당한 역할을 수행했다. 이런 여러 가지 영향을 모두 감안하면 중세는 아주 복잡한 시기라는 것을 알 수 있다. 이런 다양한 힘이 작용했기 때문에 유럽의 생활은 정복, 개종, 모방, 입법, 설득 등 다양한 인간적 교환과 상호작용을 통해 형성되었다.

심지어 유럽이라는 단어조차도 고정된 것이 아니다. 나는 광대한 대륙의 서쪽 지역을 가리키는 말로 이 용어를 사용할 것이다. 이 지역의 다양한 정체와 민족들 사이에서는 기독교적 문화가 공유되었고, 또 이들의 계보는 후기 로마제국과 연결되어 있다. 유럽의 왕국들과 민족들은 서로 연계되는 공화국을 형성했다. 그들은 또 통합된 경제와 보편적인 종교적 생활의 틀을 갖고 있었으며, 엘리트 지식인들은 라틴어로 의사소통을 했고, 세속의 엘리트 계급은 결혼, 외교, 전쟁, 생활 스타일 등에 의해서 서로 연계되어 있었다.

이 책은 유럽의 사람들과 생활공간들을 더 심도 있

게 다룬다. 예전의 역사가들은 이런 주제를 무시했으나, 20세기 초에 들어서 역사가들은 역사가 좀 더 포괄적인 것이 되기를 바라면서 그 시대를 살았던 사람과 생활공간을 다루기 시작했다. 그리하여 프랑스 역사가 마르크 블로크(Marc Bloch, 1886~1944)는 우리에게 아주 다양하고 역동적인 농촌 사회를 연구하라고 가르쳤다. 또 자크 르 고프(Jacques Le Goff, 1924~2014)는 도시들의 정신적·상업적 생활이 아주 풍요롭다는 것을 우리에게 보여주었다. 이들의 영향력 아래 많은 역사가가 중세의 역사를 아주 다양하고 도전적인 것으로 만들어 놓았다. 예전처럼 왕과 왕비만을 다루는 것이 아니라 그들과 함께 지식인, 농민, 상인, 여자, 유대인과 수녀 등을 연구하게 되었다. 우리는 또 그들이 사용한 사물과 물품들을 다루고, 또 그들의 생활환경의 형태와 소리 등에 대해서도 연구한다. 이런 연구들로부터 중세인의 규범과 이탈, 연속성과 변화, 제약과 취약성 등이 파악되었고, 또 그들의 기회와 열망에 대해서도 알게 되었다.

만약 당신이 대학에서 역사를 전공하려 한다면, 또 여행, 영화, 환상문학 등을 통하여 유럽의 과거에 흥미를 갖게 되었다면, 당신은 이미 중세라는 용어를 만났을 것이다. 그래서 우리는 그 용어를 이 책에서 그대로 사용한다. 하지만 용어의 근원과 전제를 검증해보지 않고서 중세라는 말을 써서는 안 된다. 그 때문에 당신은 〈아주 짧은 입문서〉를 읽어야 한다.

차례

제1장

'중간'의 시대?

중세: 이 이름은 무슨 뜻인가?

다른 많은 유럽의 개념들과 마찬가지로 중세라는 개념은 전 세계로 퍼져나가 유럽과 유럽인들에 대한 생각을 형성하게 되었다. 그러나 '중세'는 대략 500년에서 1500년 사이의 기간을 탐구하려 할 때 사용하는 다소 어색한 용어이다. 그러니까 다른 두 중요한 시대에 끼인, 정지된 동작의 시대라는 그릇된 인상을 심어주는 것이다.

중세라는 용어를 만들어낸 사람들은 후대에 태어난 자신들의 가치와 행운을 엄청나게 과대평가한 사람들이었다. 중세(media aetas)라는 용어를 처음 쓴 것은 시인 페트라르카(Petrarch, 1304~1374)였고, 그다음 세기에는 레오나르도 브루니(Leonardo Bruni, 1370경~1444), 플라비오 비온디(Flavio Biondi, 1392~1463) 같은 정치가 혹은 역사가들이었다. 이런 정치가와 문인 들은 고대의 저작들과 사상에 집중하는 학문 방식을 만들어냈고 이어 그런 방식을 휴머니즘이라고 명명했다. 이런 사람들은 그들의 시대와 도시를 칭송했고 무엇보다도 서로 휴머니스트라고 부르며 칭찬했다.

지도자들, 사제들, 공적 지식인들은 새로운 시대가 밝았다고 선언했다. 이것은 한가한 성명은 아니지만, 그렇다고 해서 역사가들이 액면 그대로 받아들여야 하는 주장도 아니다. 브루니 같은 휴머니스트들은 이탈리아 민간 생활의 독특한 스타일을 선언했다. 그리하여 토스카나를 중심점으로 하여 이탈리아의 화가, 시인, 건축가, 역사 저술가 등은 궁중과 도시 내에서 그들의 기량을 세련되게 가다듬을 수 있었다. 그들은 과거 로마의 것이었던 문화적 보물들을 재발견하여 널리 알리는 특별한 인물들이었다. 그들은 로마의 문화가 로마제국이 멸망하면서 사라져버렸다고 주장했는데 그 시점은 종종 서로마제국의 멸망 연도인 476년으로 잡았다.

이런 작업을 하는 사람들을 가리켜 휴머니스트라고
했다. 이들은 과감하게 고대의 보물들을 다시 꺼내왔
는데, 그 보물들은 '중세'를 살았던 여러 세대의 사람
들에게는 알려지지 않은 것들이라고 생각했다. 이런
자의식은 그들을 후원해주는 군주, 교황, 귀족들 덕분
에 겉으로 표현될 수 있었다. 그들이 고대의 운율을 답
습하여 작성한 시나 편지에 이런 자의식이 과장되게
표현되었고, 또 고대 로마의 건축물로부터 영감을 받
은 왕궁들 내에서도 널리 표출되었다. 조르조 바사리
(Giorgio Vasari, 1511~1574)는 고대의 위대한 화가들을 다
룬 최초의 역사서를 집필하면서 이런 고전적 기준의
부활을 환영했다. 그것은 치솟는 첨탑과 뾰족한 아치
가 특징인 '고딕'시대로부터 기꺼이 벗어나려는 것이
었다.(Box 1)

동안 유럽 전역에 퍼졌다. 엄청난 높이와 장엄함의 가치를 추구하는 이 스타일의 건설자들은 벽에 대형 창문을 설치하여 유리를 통해 아름다운 색을 입은 햇빛이 많이 들어오게 했다. 고딕 건물은 조각, 회화, 채색 유리로 장식된 캔버스라 할 수 있다. 이런 장엄한 높이와 밝은 빛은 관람자에게 영감을 주고, 또 그의 정신을 고양시켜 신성한 것들을 명상하게 하려는 것이었다. 고딕 스타일은 프랑스 예술가의 작품을 통하여 널리 퍼져나갔는데 런던의 웨스트민스터 수도원, 프라하의 성 비투스 대성당 등이 대표적이다. 그러나 스웨덴에서 사이프러스에 이르는 많은 지역에서는 그들 나름의 고딕 스타일을 만들어냈다. 고딕 스타일은 성채, 궁정, 시청 등 세속적 건물들에도 영향을 미쳤는데 브뤼셀의 장엄한 시청 건물이 대표적이다. 그러나 고전 전통과 뚜렷한 정치 문화를 갖고 있던 이탈리아는 고딕의 유혹을 물리쳤다.

휴머니스트들은 자신들이 중세시대에 무시되었던 고전적 사상과 실천의 부활(rinascimento)을 알리는 증인이라고 생각했다. 이렇게 하여 르네상스라는 말이 생겨났고 고전 고대의 문화에 대한 그들의 열정을 서술해주는 용어가 되었다. '르네상스'라는 조어를 만들어낸 사람들은 이탈리아가 그 탁월한 학자들 덕분에 그들만이 독보적 존재라고 확신했다. 그러나 실제로는 그때쯤 발명된 인쇄술의 광범위한 보급으로 전 유럽의 학자와 독자 들이 이탈리아의 문학적 문화에 동참할 수 있었다.

그러니 '중세'와 '르네상스'를 역사의 기술적(記述的) 기술 용어로 놔두기로 하고, '중세'라는 용어가 서로 다른 시대의 사람들과 생활공간을 가리키는 기준점으로 아주 유익하다는 것을 주목하도록 하자.

중세주의

500년과 1500년 사이의 유럽을 바라보는 방식은 '중세'와 '르네상스'라는 용어로만 표현되는 것은 아니다. 전 세계적으로 공공생활의 분야에 '중세적' 양상들이 다시 부활되고, 이용되고, 도입되는 폭넓은 현상으로부터도 영향을 받았다. 근대 이전 유럽의 미적 가치들은 19세기에 들어와 아주 강렬한 방식으로 높이 평가되었다. 이것은 18세기 계몽주의에 대한 반발이기도 했다. 계몽주의 사상가들은 인간사를 운영하는 데에 이성을 강조했고, 그리하여 그 전 시기를 "야만적 이름을 가진 야만적 모험의 시대"로 규정했다. 그러나 19세기의 중세주의는 그 과거에서 공동체—상업사회와 글로벌 시장이 도래하기 이전의 사회—의 가치와 신앙의 인도를 받은 영성주의의 가치를 발견했다. 프랑스 대혁명과 그 유혈적 파급효과에 반대했던 사람들은 오래된 유럽 질서(ancien regime)의 특징들, 가령 전통적 군주제와 잘 확립된 교회 등을 칭송했다. 그것이 유럽 생활의 지속적 형태라고 보면서 영국과 프러시아에서처럼 소중히 보존되어야 하고, 또 프랑스에서는 회복되어야 한다고 보았다.

낭만주의 소설가이며 프랑스 대혁명의 논평가인 스탈 부인(Madame de Staël, 1766~1817)은 유럽 문명의 게르만적 뿌리가 중세의 미학에 깃들어 있다고 보았다. 마찬가지로 역사가 토머스 칼라일(Thomas Carlyle, 1795~1881)은 『과거와 현재*Past and Present*』(1843)라는 책에서 기독교 이후의 새로운 "노동의 복음(gospel of work)"을 주장하면서, 그 영감을 중세 수도원의 협력과 노동 윤리에서 찾았다. 그 후 몇십 년에 걸쳐 산업혁명이 일어났고 유럽 상당 지역에 철도가 부설되었으며, 그와 함께 번영의 기회와 인간적 비참함이 동시에 찾아왔다. 이렇게 되자 중세는 잃어버린 세계의 이미지를 획득했으며, 인간적인 속도와 좀 더 인간적인 규모를 가진 보다 살만한 세상으로 인식되었다. 공예가이며 사회사상가인 윌리엄 모리스(William Morris, 1834~1896)는 중세의 조각과 그림을 흠모하면서 공예 노동(craft labor)의 특징을 다시 살려내려고 애썼다. 그는 가톨릭 종교를 동경하는 것이 아니라, 농촌 생활을 동경했고 그곳의 곡물 창고야말로 사람들의 진정한 교회라고 보았다.

또한 유럽 전역에서 가톨릭 행동주의와 건축이 주목할 정도로 되살아났다. 진보적인 법규와 개혁이 가톨릭 신자들에 대한 여러 세기에 걸친 제약을 해제하자(가령 영국은 1829년 해방법을 반포했다), 새로운 문화적 힘이 작용하기 시작했다. 프랑스 이민자의 아들인 어거스터스 퓨진(Augustus Pugin, 1812~1852) 같은 가톨릭 개종자는 영국, 아일랜드, 심지어 멀리 오스트레일리아에서까지 가톨릭교회와 예배당을 지어달라는 주문을 받았다. 옥스퍼드 운동은 중세적 가치에 대한 열풍에다 종교적 개혁의 요청을 결합시켰고, 그리하여 종교개혁이 해체한 기독교 의식들을 다시 도입했다. 프랑스에서는 1789년의 대혁명 때 폐지되었던 가톨릭 예배가 다시 도입되었다. 그 후 프랑스 정부는 고대 가톨릭 유산을 파괴하지 않고 오히려 그것을 국가 유산의 일부로 회복시켰다. 국가가 재정을 지원하는 대규모 사업들은 '고딕' 건물들을 재건하거나 아름답게 꾸몄다. 그중 대표적인 것이 첨탑, 조각상, 가고일(괴물 모양을 따서 만든 지붕의 홈통 주둥이) 등을 자랑하는 파리의 노트르담 대성당이다.

중세의 부활은 공화정 혹은 민주정에 대한 반작용일 뿐만 아니라 가톨릭 후원의 결과이기도 하다. 그것은 또한 국가적 정체성과 민족국가를 원하는 사람들의 욕망을 반영한 것이다. 이 무렵 국가는 언어, 역사, 풍경 등에 의해 규정되는 것으로 이해되었다. 독일, 폴란드, 헝가리, 노르웨이 등에서 낭만적 민족주의를 추진하던 지식인들은 과거의 전통에서 19세기 민족적 정체성의 뿌리를 추구했다. 작곡가 리하르트 바그너(Richard Wagner, 1813~1883)는 독일정신의 정수를 12세기 후반에 장시로 정착된 「니벨룽겐의 노래」라는 고대 영웅담에서 찾았다. 프랑스에서는 건축가 외젠 비올레 드 뒥(Eugène Viollet le Duc, 1814~1879)이 혁명 기간 동안에 파괴된 중세 수도원과 대성당을 복원하는 사업에 앞장서면서, 이런 건축물들은 국가 유산이며 또 국가는 과거를 명확히 인식하려면 이런 유산들이 반드시 필요하다고 주장했다. 월터 스코트(Walter Scott, 1771~1832)의 소설은 유럽 전역에 널리 알려졌다. 이 소설들은 중세의 무대를 배경으로 하여 용기, 재주, 기사도적 남성성의 이상 등을 탐구한다. 영국에서는 현재가 앵글로색슨의 과거와 연결되어 있으며, 그 연결고리는 법률과 국가의 연면한 전통이라고 보았다. 1836년 국회의 사당 재건 설계를 공개경쟁으로 모집했을 때, 퓨진의 철저한 고딕 설계가 승리를 거두었다. 그러니까 개혁과 산업시대의 영국 민주주의의 입법부가 마르나 카르타 시대(1215)와 연결되어 있는 것이다. 20세기에 들어와, '셔(shire)'라는 중세시대의 마을이 중세 영문학 교수인 J. R. R. 톨킨(J. R. R. Tolkien, 1892~1973)의 작품에 영향을 주었고, 또 C. S. 루이스(C. S. Lewis, 1898~1963)는 가톨릭과 중세 주제를 탐구하는 알레고리 작품을 써내어 어린이의 고전이 되었을 뿐만 아니라 어른들의 사랑도 받고 있다.

이런 이유들로 인해 '중세'는 현대인들이 그들의 정체성을 정립하고, 또 논쟁을 이끌어나가는 기준점을 형성한다. 따라서 이 시대는 여러 가지 복잡한 의미를 함축하게 된다. '중세'는 또한 사회주의와 완고한 보수주의와도 관련이 있는데, 노동조합의 결속과 왕실 의례의 허세가 그 대표적인 사례이다. 중세는 압박받는 소수 집단의 정체성에 활기를 불어넣어 주고, 또 국가 확장과 제국 건설의 환상도 불러일으킨다. 그것은 유산인가

하면 기회이다. 그것은 반드시 회피해야 할 사례를 알려주는가 하면 동시에 영감을 주는 사례도 제공한다. 중세는 도시의 디자인, 박물관의 소장품들, 음악, 판타지 게임, 문학, 풍경 등에서 늘 우리와 함께 있다.

로마와 그 후의 역사

휴머니스트들이 그토록 칭송하는 15세기의 업적들은 그보다 훨씬 더 오래된 전통의 연속이며, 그 전통은 유럽인들로 하여금 그리스와 로마의 고전 문화들을 대면하고 때로는 거부하고 가끔 경쟁하게 만들었다(지도 1). 고전 고대는 다양한 종교, 철학, 예술 양식, 공화정과 제정(帝政) 등의 통치 형태를 만들어냈다. 그리고 대략 500년과 1500년 사이에 이 지적인 유산은 독서, 복사, 논평을 통하여 탐구되었다. 유럽인들은 이런 지적 유산을 탐구하면서 라틴 시와 산문, 그리스 의학과 정치 이론, 음악, 건축 등에 그들의 인장을 찍었다. 유럽 생활의 모든 영역—법률, 신학, 정치사상, 신체 관리, 종교적 의식, 심지어 토지 임대—에는 로마의 지식이 스며들어가 있고, 유럽 각국은 다양한 수준의 모방과 적응을 실천했다.

무엇보다도 행정과 종교의 분야에서 고전적 전통은 생생하게 지속되었다. 후기 고대 로마제국은 기독교적 정체(政體)였다. 이것은 312년에 기독교를 수용하고 제국에 그 종교를 합법화한 콘스탄티누스 황제(Constantinus, 272~337)가 시작한 과정에서 유래한 것이다. 그 뒤의 황제들은 기독교가 제국의 생활에 깊숙이 침투하게 했고 마침내 이 신흥 종교는 4세기 말에 이르러 로마의 국교가 되었다.

　경계지 근처에 있는 인종 집단들과의 빈번한 접촉은 역동적인 로마제국의 한 가지 특징이었다. 반면에 이웃들 혹은 적들은 결국에는 로마 세계에 합류했다. 이런 이웃 출신의 인사들이 심지어 2, 3세기에는 황제 자리에 오르기도 했다. 5세기 동안에 게르만 종족들—가령 418년의 고트족과 443년의 부르군트족—은 군인 숙박 명령서가 발부되거나 정착용 토지가 하사되었다. 이들은 때때로 세금을 내기도 했다. 중세 초기에 전통적인 로마 엘리트들—귀족과 원로원 의원 계급, 영지의 소유주들, 로마의 정치적·경제적 업적의 참여자들—은 계속하여 게르만족 출신의 통치자들에게 봉사했다. 그 엘리트들은 각종 인문학 교육, 가령 논리, 작문, 연설 등을 교육받았고, 또 산술과 과학도 함께

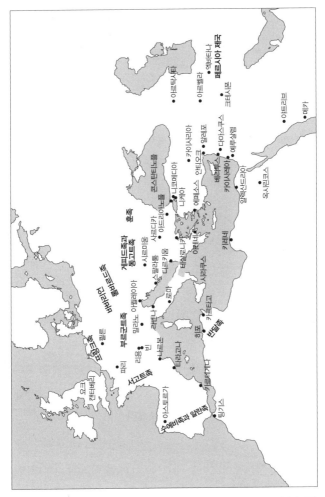

지도1 450년경의 유럽

훈련받았다. 그들은 이런 기술을 주교나 통치자 등 유력인사에게 제공했다.

  3세기 말부터 로마제국은 두 개의 거대하면서도 상호 연결된 제국, 즉 동로마제국과 서로마제국으로 운영되었다. 서로마제국은 476년 게르만 종족의 연합체를 이끄는 군사 지도자 오도아케르(Odoacer, 433~493)에 의해 로물루스 아우구스투스 황제가 강제 퇴위당하면서 막을 내렸다. 그 후 오도아케르는 이탈리아의 왕이 되었다. 이 변화는 로마제국의 '멸망'으로 인식되기도 한다. 하지만 실제로는 게르만 종족이 로마의 군대로 편입되고, 제국의 변방을 위수하고, 또 제국의 땅에 정착하고 나아가 궁극적으로 정치적 역할을 수행하게 되는 기나긴 과정의 마지막 한 단계일 뿐이다. 이탈리아의 통치자였던 오도아케르는 곧 동고트족의 왕인 테오도리크(Theodoric, 454~526)에게 밀려났다. 497년 동로마제국의 황제인 아나스타시우스 황제는 테오도리크를 왕으로 인정하고 그에게 왕권의 징표를 보냈다. 테오도리크는 로마를 멀리하고 그 대신에 해안 도시 라벤나에 새로운 수도를 세웠다. 그는 로마제국의 장엄한 스타일로 그의 업적을 칭송해줄 궁중 시인들을 임명했고 로마제국의 옛 동전을 그대로 유통시켰다. 그는 로마의 전통에 입각하여 그 자신을 기독교 왕으로 선전했고, 동로마제국에서는 이단으로 여기는 아리우스의 기독교 사상을 신봉했다. 이와 비슷하게, 프랑크족 왕인 클로비스는 496년에 기독교로 개종하고 508년에 서고트족을 패배시켜 지역의 패권을 정립한 후에, 동로마 황제로부터 집정관이라는 로마제국의 호칭을 수여받았다. 콘스탄티노플과의 외교적 접촉과 현지 로마 엘리트들과의 상호작용을 통하여, 바바리언(야만인) 왕들은 로마식으로 통치하는 방법을 배워나갔다.

로마의 시민 문화는 여러 세기에 걸쳐 제국의 속주들에 활기를 부여해왔다. 제국의 국고(國庫)는 공공시설과 군사 방어물에 엄청난 투자를 했다. 그러나 4세기와 5세기에 제국의 지원이 줄어들자, 이탈리아, 골(Gaul, 갈리아), 스페인의 도시 거주자들 숫자도 따라서 줄어들었다. 하지만 라틴어 교육도 계속되었고 원로원 가문의 전통적 엘리트들 사이에서 공공 봉사자의 교육 또한 계속되었다. 로마의 법률이 계속 준수되었고 사람들은 로마의 도시 계획 아래 만들어진 거리를 걸어 다녔다. 수도교, 타원형경기장, 신전, 검투사 경기 등의 공적 공간과 실천들은 기독교 사회에 알맞게 변형되었다. 로마의 판테온은 609년에 성모 마리아와 모든 성인에게 바쳐진 기독교 교회로 탈바꿈했다.

동고트족, 반달족, 프랑크족, 부르군트족, 서고트족의 왕들은 로마의 바바리언들이었고, 로마적인 것(Romanitas)이 제공하는 문물을 소중히 여기는 지도자들이었다. 베스트셀러『로마제국 쇠망사*The Decline and Fall of the Roman Empire*』(1776)에서 에드워드 기번(Edward Gibbon, 1737~1794)이 주장하여 널리 알려진 바와 같이, 많은 사람들이 이 시기를 로마제국의 쇠망기로 묘사하지만, 이 시기는 쇠망보다는 변모의 시기로 인식되는 것이 더 타당하다. 다시 말해 로마제국의 유산이 파괴되기보다 적응하는 시기였으며, 이는 민족들 사이에 강력한 혹은 파괴적인 상호작용이 빚어낸 결과였다.

바바리언들이 로마화되면서—로마 방식의 이로움을 잘 알았으므로 자발적으로 동화된 것이었다—혼성문화가 생겨났다. 6세기 초에 그리스 의사인 안티무스는 프랑크족의 왕인 테우데리크 대왕(Theuderic, 485경~533)을 위하여 음식과 건강에 관한 책을 저술했다. 이 책은 프랑크족의 관습을 인정하면서도 은근히 로마의 가치를 주입하고 있다. 안티무스는 고위직 바바리언들이 맥주와 벌꿀 술을 마시는 것—자존심이 강한 로마인들에게는 혐오스러운 것—을 용인하면서도, 음식을 취급하고 준비하는 데에는 예절이 중요하고, 또 술은 조금만 마셔야 한다고 권유한다. 이러한 예절은 바바리언의 남성적 사교성을 묘사한 당대의 글―때로는 깔보고 때로는 오해한 글―과는 좋은 대조를 이룬다. 시도니우스 아폴리나리스(Sidonius Apollinaris, 430~489)는 골(Gaul) 계의 로마 원로원 가문의 아들인데 외교관, 시인, 이어서 클레르몽의 주교를 지냈다. 그는 부르군트 족을 가리켜 마늘과 양파 냄새가 난다 했고, 또 알 수 없는 말을 지껄이며 쉰 버터로 머리카락을 다듬는 덩치만 큰 자들이라고 깔보듯이 말했다.

공공 행정과 경제생활에서 로마의 사상과 실천이 지속될 수 있었던 것은 콘스탄티노플에 단독 황제가 버티고 있었기 때문이다. 유스티니아누스 황제(Justinian, 482경~565)는 1세기 동안 바바리언 후계 국가들이 다스려오던 지역들―동서부 지중해―에서 단일한 제국의 권위를 재확립하려고 노력했다. 그는 또 제국―이제 비잔티움이라고 불리고 대체로 그리스어를 사용하는 제국―의 판도를 동쪽으로 확대하여 페르시아의 사산 왕조와 아르메니아인들을 상대로 승리를 거두었다. 그는 바다와 육지에서 승리를 거두고 나서 웅대한 공공 시설물의 건립을 추진했다. 궁정 역사가인 프로

코피우스(Procopius, 490경~560경)는 콘스탄티노플과 성지의 건물들을 자랑스럽게 여기는 필치로 묘사했고 이런 토목공사들을 통하여 기독교 제국의 족적이 널리 각인되었다. 유스티니아누스의 법전 작업은 많은 개인과 공동체의 생활에 심원한 영향을 미쳤다. 그는 제국 법전의 집성을 명하여 유스티니아누스『법전Code』을 편찬했는데, 테오도시우스 2세의 법전(438)을 증보한 것이었다. 또 법적 실천에서 생겨나는 질문들에 대하여 박식한 의견을 모아놓은『로마 법전Digest』과 유익한 논평들이 함께 들어 있는 법률 교과서인『법학 제요Institutions』를 편찬했다. 유스티니아누스의 통치시기에 그리스도의 본성에 관한 신학적 논쟁이 동서의 주교들을 뜨겁게 달구었다. 그러나 568년 롬바르드족이 이탈리아의 북부와 중부 지역을 대부분 점령하면서 이러한 교류는 크게 줄어들었다.

황금 동전은 이제 황제들이 아니라 왕들의 초상을 담았다(그림 1). 6세기 후반 프로방스에서 발행된 동전들은 여전히 제국 동전의 형태를 유지했으나 무게는 훨씬 가벼웠다. 동전은 로마 속주들에서 여전히 유통된 사치품의 교환을 촉진했다. 특히 새로 세워진 궁중이나 교회 혹은 대성당의 예식용으로 그런 사치품의

그림 1 프랑크족의 왕 테오데베르트 1세(Theodebert I, 534~548)가 주조한 금화. 바바리언 왕들은 로마의 솔리두스와 비슷한 이런 동전을 계속 주조했는데 그들의 권위와 경제적 번영을 과시하기 위해서였다.

수요가 있었다. 동전은 세수 행정관들의 징세를 촉진했는데, 이런 행정관들은 여전히 로마식 호칭을 썼고, 또 바바리언 왕들의 국고에서 봉급이 지불되었다.

유스티니아누스가 회복시키려 했던 지중해 제국은 곧 세계사 속의 새로운 세력인 이슬람(지도 2)의 도래로 변모되었다. 아라비아 반도에서 생겨난 이슬람은 유대교와 기독교 등 다양한 종교가 합쳐져 만들어진 종교이다. 이 신흥종교의 새로운 이데올로기는 친족 그룹을 군사 행동에 동원하여 처음에는 아라비아 반도를 평정하고 이어 그 너머의 지역으로 진출했다. 유스티니아누스 이후의 수십 년 동안 영토와 세수의 감소를 겪어온 분열되고 피로한 비잔틴 제국은 이슬람의 만만한 공격

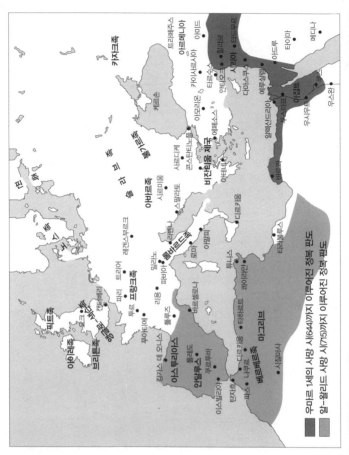

지도 2 유럽과 지중해에 진출한 이슬람, 750년경

대상이 되었다. 마호메트가 사망한 지 10년 뒤인 637년에 칼리프 우마르는 예루살렘을 점령했는데, 비잔틴 제국하의 시리아와 팔레스타인을 공격한 그가 거둔 최대의 업적이었다. 그다음에 그는 군대를 동원하여 639년에 이집트로 들어가서, 그 나라를 다마스쿠스에 수도를 둔 우마이야 칼리프 왕국에 복속시켰다.

무슬림의 정복은 아랍 군대가 이끌었지만 현지의 이슬람 개종자들, 패퇴한 비잔틴 수비대들, 시나이의 베두인족과 북아프리카의 베르베르족 같은 현지 부족들과의 동맹 등이 무슬림 정복을 더욱 용이하게 만들었다. 이러한 발전 사항은 곧 유럽인들에게 심각한 파급 효과를 미쳤다. 지중해의 섬들, 남부 프랑스, 이탈리아 등이 무슬림의 공격 대상이 되었고 711년에는 이베리아의 상당 부분이 북아프리카에서 발진한 타리크 이븐 지야드 휘하의 무슬림 군대에 함락되었다.

무슬림 군대는 곧 피레네 산맥을 넘어 셉티마니아의 갈리아 주를 공격했다. 바르셀로나와 나르본 같은 로마-서고트 도시들이 함락되었으나 골 지방으로 더 이상 깊숙이 들어가지는 못했다. 남서부 유럽에 설정된 기독교/무슬림 경계지는 한 세대 동안 지속되다가 마침내 759년에 프랑크족에 의해 나르본이 수복되었다.

이제 예전의 많은 로마 속주들이 무슬림의 통치를 받으며 살게 되었다. 이베리아에서 다수의 서고트족이 이슬람으로 개종했고, 일부 유대인과 많은 수의 기독교도도 역시 개종했다. 고트 족의 정체성은 알-쿠티(고트족)라는 아랍 이름에 희미한 메아리를 남겨놓았을 뿐이다. 기독교의 심리적 지도도 바뀌고 있었다. 피레네 산맥이 여러 세기에 걸쳐 경계선(marca) 역할을 해왔고 간간히 산발적인 국지전이 벌어졌다. 아무튼 알-안달루스(무슬림 스페인)는 나머지 유럽 지역에 엄청난 문화적 영향력을 행사했다.

유럽의 지형은 이렇게 하여 무슬림의 정복으로부터 엄청난 영향을 받았다. 그것은 이베리아와 남서부 골 지방에 아주 다양한 문화와 예상치 못한 동맹을 만들어냈고, 그리하여 우리가 갖고 있는 중세 유럽의 개념에 심각한 도전을 제기한다. 이베리아에서는 유대인, 무슬림, 기독교도―불평등한 이웃들―가 공존했는데 이를 가리켜 아랍 문화권 내의 공존(convivencia)이라고 한다. 우리는 다음 장에서 아랍 유산이 유럽에 미친 영향을 살펴보게 될 것이다. 또 다른 중요한 개념―십자군―이 이 지역들에서 생겨났다. 11세기에 이르러 프랑키아―프랑크족들이 지배하는 골 지방을 이렇게 부른다— 출신의 기사들이 무슬림이 지배하는 지역들을 정복하려는 사업에 동참하면서 교황의 축복을 받았다. 이런 정복 사업을 나중에 레콘퀴스타(reconquista: 재정복)라고 불렀다.

기독교 유럽의 정치적 균형은 이제 위험한 지중해를 벗어나 북쪽으로 옮겨갔다. 그곳에서 메로빙 프랑크족들은 덴마크에서 삭소니와 롬바르디에 이르는 광대한 지역을 정복하고 편입함으로써 우뚝한 존재로 부상하게 되었다.

메로빙 궁정의 의례와 예술은 제국적 장엄함의 유일한 원천인 콘스탄티노플의 궁정을 모방했다. 그러나 프랑크 왕국이 번성하면서 두 국제(國制) 사이에 경쟁의식이 싹텄다. 비잔틴 제국이 심한 동요를 겪던 시기에, 프랑크 왕궁의 신학자들과 궁신들은 종교적 문제에 대해서도 제국의 권위에 도전했다. 여황후 이레네(Irene, 752~803)의 통치시기(794년)에—여자가 황실을 다스리는 시기의 정치적 취약성을 이용하여— 그들은 『카롤링의 책*Libri Carolini*』을 저술했다. 이 논문은 기독교 예배에서 성화(聖畵)의 역할을 논의하면서 칭송한 것이다. 그 당시 세 명의 비잔틴 황제들은 연이어 우상파괴적인 금욕 정책을 실시하면서 성화를 금지해왔었다. 800년의 크리스마스 날에는 정치적 패권이 로마에서 종교적 승인을 받았다. 프랑크족의 왕인 카를 대제—나중에 샤를마뉴로 알려짐—가 교황에 의해 황제로 대관된 것이다.

고대 로마의 속주들 너머 지역에서 로마의 유산은 새로운 어떤 것으로 발전했다. 로마의 도시들과 법률은 이탈리아, 골, 스페인에서는 아주 흔했지만, 북부유럽으로 가면 잘 보이지 않았다. 그렇지만 로마정신(Romanitas)은 7세기 혹은 8세기에는 다른 사상과 실천에 투자되었다.

종교, 예식, 학문의 언어는 라틴어였고 교직자들은 그 언어를 가르치기에 아주 알맞은 위치에 있었다. 의사소통과 행정에 아주 유익했기 때문에 고전 학문이 널리 애호되었다. 예를 들어 기원전 90년대에 저술된 수사학 교과서인 『헤르네니우스의 수사학*Rhetorica ad Herennium*』은 교회나 국가에 봉사하는 공직자들이 널리 활용하는 지침서였다. 모든 수도원, 대성당, 궁정에는 이 책이 한 부씩 비치되어 있었다. 마찬가지로 소아시아 출신의 군대 의사인 디오스코리데스(Dioscorides, 40경~90경)가 저술한 의술서인 『약물지*Material of Medicine*』는 인기 높은 책자였는데 16세기까지 유포되었다. 병명을 진단하는 데 도움이 되고, 또 치료에 효과 있는 약초들을 많이 제시했기 때문에 애용하는 책자가 되었다. 이 세기들 동안에 일상생활의 여러 분야에서 고전 전통을 활발하게 논의했다. 고대의 책들은 많이 필사되었고, 또 주석 작업이 병행되었다. 중세의 독자들은 의학, 지리, 역사, 시 등의 책들에 주석을 추가했고, 또 실용적인 삽화들을 그려넣었다. 이런 전통들은 그 혜택 덕분에 널리 평가되었고, 또 당대의 필요에 의해 검증되었다.

샤를마뉴는 아헨에 있는 그의 궁정(그림 2)에서 기독교 문화와 로마 교육의 가능성들을 탐구했다. 그는 대규모 학자와 행정관 들의 집단을 구축했고 이들은 기독교-로마-유럽 통치의 사상을 구체화했다. 황제들은 왕보다 더 위대했다. 그들은 기독교적 생활을 영위하면서 그것을 새로운 민족들에게 확대 적용했다. 그들은 신앙의 문제를 법제화했고, 또 결정했다. 황제들은 그들의 수중에 왕권의 징표—왕관, 반지, 왕홀—뿐만 아니라 세수, 권리, 궁중의 의례 등도 마음대로 결정했다. 10세기에 들어와 색슨 왕조—오토 왕조—는 그들 자신을 936년과 1024년 사이에 신성로마제국의 후예로 정립했다. 오토 왕조는 비잔틴 황가와 통혼함으로

그림 2 아헨의 샤를마뉴 궁전 내 예배당은 792년에서 805년 사이에 지어졌다. 원통형 아치, 반구(半球) 천장, 이탈리아에서 수입해온 대리석 기둥 등은 이 건물이 로마 건축에 빚지고 있음을 보여준다.

써 지위의 우월성을 강화했고, 샤를마뉴가 그랬던 것처럼 정복 사업, 궁중 예술과 건축 등을 더욱 강력하게

추진시켰다. 당연히 그들은 수도원과 그 학문을 후원
했다.

　무슬림이 시리아, 북부 아프리카, 남부 이탈리아, 시
칠리아 등을 공격해와 판도가 자꾸 줄어들던 비잔틴
제국은 아주 커다란 변화를 겪었다. 제국의 북쪽과 북
서쪽, 가령 불가르족, 폴란드족, 루스족들은 문화 확장
의 대상이 되었다. 이들 지역에 그리스 선교사들은 기
독교를 전파했는데 성스러운 형제인 키릴과 메토디
우스는 각각 모라비아와 판노니아에 기독교를 전파했
다. 비잔틴 문화는 교회의 의식을 통하여 퍼졌고, 또
선교사들이 발명에 기여한 새로운 알파벳에 의해 전
달되었다. 이것은 나중에 키릴 알파벳으로 발전했고
오늘날 동유럽 전역과 아시아 일부 지역에서 사용되
고 있다. 비잔틴 제국은 10세기와 11세기의 중부 아시
아에서 발원한 셀주크족 같은 민족들의 이동으로 크
게 파괴되었다. 유목민인 셀주크족은 이슬람으로 개
종했고 새로 도입한 종교를 위해 정복 사업을 벌이면
서 역동적인 군사력을 동원했다. 유럽의 서부 지역에
서 비잔틴 종교의 유대감과 영향력은 점점 줄어들더
니 마침내 1054년에 이르러서는 삼위일체의 신학 문
제와 관련하여 그리스 주교와 라틴 주교들 사이에 엄

청난 분열이 발생했다. 이러한 비잔틴 제국의 역사는 앞으로 나오게 될 비잔티움의 〈아주 짧은 입문서〉에서 다루게 될 것이다.

비잔틴 제국은 여러 도전 사항에 직면하고 있었지만 그래도 여전히 유럽의 사업에서 중요한 동맹이었다. 나중에 "십자군"이라 명명되는 무장 순례대가 동부의 기독교도에게 도움을 주고, 또 기독교도들을 위해 성지를 회복한다는 목적으로 1096년에 중동을 향해 유럽을 출발할 때, 십자군의 지도자들은 비잔틴 제국으로부터 식량, 병사, 군수 등의 지원을 기대했다. 그러나 알렉시스 1세 콤네노스 황제(Alexis I Comnenos, 1056~1118)는 이런 기대를 알고서 깜짝 놀랐다. 그의 딸이며 전기 작가인 안나 콤네나(Anna Comnena, 1083~1153)는 해줄 수 없는 멋진 지원을 기대하며 서부에서 온 십자군들의 도착을 흥미롭다는 듯이 묘사했다.

더 북쪽의 나라들

지중해와 골 지방에서 이런 변모가 이루어지는 동안 브리튼 제도, 스칸디나비아, 중부 유럽에서도 역시 변화의 물결이 일었다. 로마 군대가 400년을 기점으로 5세기 내내 영국에서 철수하면서 앵글족, 색슨족, 프리지아족, 그리고 일부 프랑크족이 잉글랜드의 남부와 동부로 이주해와 정착했다. 이들은 종종 우즈 강, 트렌트 강, 네네 강을 통하여 더 내륙 쪽으로 침투해 들어갔다. 게르만 정착자들은 농업 용지를 찾아다녔고 종종 원주민 켈트 공동체를 해산시켜 그들을 서쪽과 북쪽으로 내쫓았다. 이 시기는 그 후 여러 세기 뒤에 브리튼 족의 왕 아더 왕의 전통으로 기억되고, 또 재창조된다. 아더 왕 전설은 12세기에 되살아나서 그 후에 기사도정신에 빛나는 기독교 왕의 전범이 되었다.

남부 잉글랜드는 600년경에 교황 그레고리 1세가 보낸 선교단이 도착하면서 활발한 선교 대상 지역이 되었다. 유럽의 다른 지역들과 마찬가지로, 개종은 통치자들이 인도했고, 카리스마 넘치는 선교사들이 생기를 불어넣었으며, 종종 기독교도 왕비들의 지원을 받았다. 브리튼 제도 전역을 통하여 아일랜드에서 온 성직자들의 영향력이 퍼져나갔다. 그레고리 1세의 사망 1세기 후에 수도자 아돔난이 저술한『성 콜룸바의 생애*The Life of St Columba*』(597 사망)는 스코틀랜드 서부 해안에서 약간 떨어진 이오나 섬에서 선교 활동을 하는 성인을 묘사한다. 성인은 부족장들의 만행을 경고하

고, 전투의 결과를 예언하고, 악마들을 퇴치하고, 그
자신의 치료법으로 마법사들과 맞서면서 선교 활동을
펴나갔다. 아일랜드의 선교 활동은 종종 로마 대륙의
실천들과는 다른 종교적 생활—달력, 수도원의 관습
등—에 영향을 주었다. 기독교를 받아들인 프랑키아
에서는 여수도원장 베르틸라(Bertila, 사망 704경)가 "새로
운" 기독교도들에게 책자와 유물들을 보냈다. 곧 "기
독교권"이라는 용어가 잉글랜드 작가들에 의해 만들
어졌고, 브리튼 제도의 인물들이 상징적인 기독교계
지도자로 부상했다. 노덤브리아의 수도자이자 역사가
인 비드(673~735)가 쓴 교회의 역사는 유럽 전역에서
높이 평가받았다. 샤를마뉴의 궁정에서 생애 대부분
을 보낸 요크의 알큐인(Alcuin, 735경~804)은 교육 개혁에
앞장섰고, 또 잉글랜드와 대륙 사이에서 외교관 역할
을 했다.

기독교와 왕조 중심으로 점점 조직되어가던 통합된
북부 유럽 세계는 난폭한 공격에 의해 파괴되었다. 노
스맨(바이킹)이 789년에 최초로 이 지역을 침범해온 것
이다. 그 후 난폭한 공격이 수십 년에 걸쳐 자행되는
데, 린디스판이나 이오나 같이 수도원들이 들어선 섬
들이 먼저 공격의 대상이 되었다. 이어 잉글랜드 북부,

그림 3 히든시 보물은 순금으로 만들어진 브로치, 목걸이, 펜던트(귀고리, 목걸이 등에 매달린 장식) 등 16개 품목으로 구성되어 있다. 이 장식은 덴마크 왕 푸른 이빨의 하랄드(Harald, 935경~986경)를 위해 제작되었을 것으로 추정된다. 노스맨—바이킹—은 더블린에서 루스에 이르기까지 교역을 했고 그들의 부를 사치품에 소비했다.

동부 미들랜드, 이스트 앙글리아의 여러 지역, 프랑키아의 북부 지역들이 침공을 받았다. 9세기 중반에 이르러 정착과 통합의 시기가 시작되었고 요크와 더블

린은 중요한 노스맨의 무역 중심지가 되었다. 수십 년에 걸친 이탈의 시기를 거쳐서 마침내 동거의 지속적인 형태가 생겨났다. 바이킹의 지도자인 롤로는 911년에 프랑스 왕에게 충성을 바치고서 그 대신에 노르망디의 땅을 얻었다. 웨섹스에서는 바이킹의 침략이 알프레드 왕(King Alfred, 849~899)의 행정과 방어를 더욱 공고하게 만드는 계기가 되었다(그림 3).

기독교 사상과 실천은 이제 유럽 공동체에 참여하려는 사람들에게 종교적 가르침, 전례, 법률, 문학 등을 한 꾸러미로 전파했다. 이러한 과정은 상호 호혜적인 것이었다. 마자르족, 보헤미아족, 노스족은 영웅적 습속에 바탕을 두고서 상부상조하는 친족 집단으로서 계속하여 살아나갔다. 이들은 수난하신 하느님이 구원을 제공한다는 거대한 사상을 가진 기독교 세계에 동참하기로 선택했다. 그들이 볼 때 그리스도는 죽음을 이긴 영웅의 모습이었다.

1000년경의 유럽

1000년에 이르러 유럽의 인구는 증가하기 시작했고 약 300년 동안 식량 생산도 늘어나서 수요를 맞추고도

중세

남음이 있었다. 이것은 농촌공동체의 사람들이 마을과 도시로 이사를 가서 전문화된 기술을 배울 수 있었다는 뜻이다. 그들은 도시에서 언제나 식량을 구매할 수 있다는 것을 알기 때문에 생계의 안전함을 느꼈다. 기존의 도심—고대 로마의 도시들—과 수천 개의 새로운 마을들에서 도시가 생겨났다. 이 과정은 유럽의 지명에 그 새로움을 강조하는 지명을 부여했다. 노이빌, 노이슈타트, 뉴타운, 카스텔누오보, 노이키르첸 등은 그 이름에서 알 수 있듯이 새로 생긴 마을 혹은 도시라는 뜻이다. 대성당, 교회, 시청 등을 갖춘 도시들은 문화 활동의 중심지였고 수도원과 귀족의 별장 등이 있는 농촌 또한 전통적인 문화의 요새 역할을 했다.

자원, 열정, 재주가 이제 종교와 학문의 새로운 제도에 투자되었고 이리하여 미국의 역사가 찰스 호머 해스킨스(Charles Homer Haskins, 1870~1937)가 명명한 "12세기의 르네상스" 시대가 활짝 피어나게 되었다. 농촌의 풍작으로 부유하게 된 사회적 엘리트의 구성원들은 그들의 과거, 현재, 미래 가족들이 기도 속에서 추모될 수도원을 건립했다. 도시의 사람들은 필경 기술, 법률, 의학 등의 훈련에 필요한 학교들을 지원했다. 정복 사업이 이루어지면 곧 뒤이어 건물공사의 파도가 뒤따라왔는데, 가령 노르만 정복 이후의 잉글랜드나 기독교도들에 의해 정복된 이베리아의 여러 지역 등이 그런 경우이다. 세습 왕조의 왕들은 카페 왕조를 위해 파리 북부에 생 드니 수도원 같은 화려한 토건공사로 그들의 장엄한 운명을 과시했고, 또 십자군이 세운 예루살렘 왕국의 성 묘지 교회의 재건축 등에서 그들의 위상을 자랑했다.

유럽에서는 고전 학문이 상당 부분 정립되어 있었으나, 일부 고전 학문은 12세기와 13세기에 가서야 비로소 유럽인들에게 소개되었다. 이것은 두 단계 전파과정을 거쳤다. 7세기와 8세기에 무슬림이 바그다드를 정복하고 거기에 왕궁을 세우면서 그리스 학문이 아랍어로 번역되었다. 1100년 이후에 이 번역본 중 상당수가 아랍어에서 라틴어로 다시 번역되었다. 이 작업은 피터 알폰시(Peter Alfonsi, 1062경~1110) 같은 무슬림 스페인(알-안달루스) 출신의 학자들이 주도했다. 피터는 유대인이었으나 1106년에 기독교로 개종했다. 그는 아랍어와 페르시아어로 된 도덕적·윤리적 이야기들을 번역했고, 천문학에 대한 글을 썼으며, 유대교에 반박하는 논쟁적 저술을 집필했다. 그는 히브리어, 아랍어, 라틴어로 된 학문의 세계를 폭넓게 넘나들었다.

피터는 헨리 1세(Henry I, 1068-1135)의 궁정의사로 활약한 것으로 보이는데 폭넓게 여행을 하여 견문을 넓혔으며 그의 저서는 널리 복사되고 열광적인 환영을 받았다.

12세기와 13세기에 들어와 정치적 단위들이 놀라울 정도로 통합되었고, 그리하여 유럽은 점점 단합된 모습을 갖추었다. 우리가 뒤의 장들에서 좀 더 자세히 살펴보게 되겠지만, 인구 증가는 도시의 발달, 무역의 다양화, 기독교 유럽 영역의 확대 등과 발맞추어 이루어졌다. 라틴어를 교육받은 엘리트들은 왕, 교황, 주교, 군주의 궁정에서 근무했고, 교구 제도의 확립은 모든 유럽인을 교회의 제도(지시, 의례, 기강 등) 안으로 끌어들였다. 유럽의 일부 지역은 항시적인 전쟁 지역이 되었다. 가령 스코틀랜드 경계지, 이베리아와 근동의 기독교/무슬림 접경 지역, 이교도에 대한 십자군전쟁이 수행되던 발트 해 지역 등이 그런 전쟁 지역이었다.

국가 내의 폭력 사태는 왕권의 행정력에 의해 단속, 억제되었고, 또 현지의 행정관들과 현지 공동체의 참여도 이런 단속을 지원했다. 이 모든 것이 새롭게 법제화되어 배포된 법전과 관습의 뒷받침을 받았다. 1140년대에 교회법의 권위 있는 텍스트들이 『교령Decretum』에 수록되었는데, 여러 가지 모순되는 사항들을 고르게 바로잡으려는 교회의 법적 전통이 집대성된 것이었다. 이 법령은 매 세기마다 새로운 법령집과 논평들이 추가되어, 유럽 교회 법정의 공통된 법적 유산이 되었다. 왕국들도 그들 나름의 법전을 반포했고, 또 다른 사법 영역 가령 장원에 대한 영주의 권한, 시장과 시민들에 대한 도시 협의회의 권한 등에도 자율권을 부여했다. 법률적 전문 지식은 이탈리아 도시들 같은 상업 활동의 중심지에서 발달했고, 일부 단체들 가령 스페인의 유대인과 무슬림, 베니스의 외국 상인들은 그들의 사업을 스스로 규제했다.

왕조를 지속시키려는 야망 때문에 왕들은 전시나 평시나 그들의 재정을 관리해줄 효과적인 관료제를 구축했다. 가끔 영토를 수호하려는 필사적인 노력의 일환으로 가용 재원을 모두 동원해야 할 때를 대비한 것이었다. 가령 폴란드, 헝가리, 루스(Rus)의 통치자들이 1240년대 초에 몽골 공격에 대비한 경우가 그것이다. 그러나 왕조의 야심 때문에 대규모 정복전쟁을 펼치기도 했다. 앙주의 샤를 공이 1260년대에 시칠리아를 점령한 것, 그 20년 뒤에 에드워드 1세가 웨일즈를 정복하여 이주민을 정착시킨 것, 잉글랜드와 프랑스 사이에 벌어진 백년전쟁(1334~1453) 등이 대표적인 사례이다. 13세기 후반에는 인구 성장률이 둔화되면서 많은 지역에서 기근과 경제적 쇠퇴의 징조가 나타났다. 식료품 가격이 상승하고, 인구 압박으로 농민들이 경작하는 땅의 크기가 줄어들었다. 어떤 곳에서는 환금 작물이 식용 작물을 대체했다. 피카르디에서는 염료가, 가스코니에서는 포도가 많이 재배되었다. 그리하여 인간, 동물, 식량 사이의 균형이 심히 불안정하게 되었다. 1300년경에 소규모 빙하시대가 시작되었고 그 축축함과 차가움은 경작 가능한 유럽의 땅을 크게 축소시켰다(지도 3).

북서부 유럽을 파괴한 기근(1314~1317)과 흑사병의 대재앙(1347~1352)은 우리가 지금껏 살펴본 모든 제도를 심각하게 위협했다. 1314년 가을부터 빈발하는 전례 없는 홍수와 극심한 겨울 추위는 농산물 소출의 격감을 가져왔고, 때로는 40퍼센트까지 감소했다. 유럽의 경제가 아무리 통합이 되어 있어도 필요한 식량을 제공할 수가 없었다. 이러한 사태는 지주들이 식량을 비축하여 나중에 투기하려는 경향에 의해 더욱 악화되었다. 이어 그다음 세대들이 가까스로 회복하여 인구가 증가하려고 하는 때에, 흑사병─이제 페스트라고

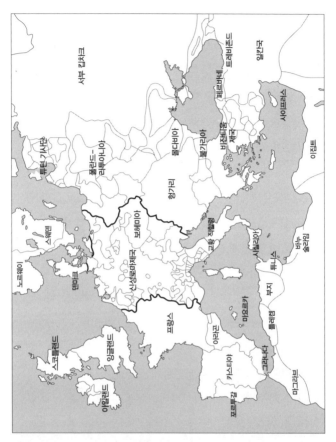

지도 3 유럽과 그 인근 지역들, 1300년경

일반적으로 인정되는 전염병―이 유럽을 덮쳤다. 이 질병은 그 전 몇십 년 동안 중앙아시아에 퍼졌다가, 흑해와 이탈리아 사이에서 무역하는 배들에 의해 1347년에 유럽으로 들어왔다. 이 병은 감염된 쥐들에 붙어 있는 벼룩에 의해 먼저 옮겨졌다가 다시 사람에게 전염되었다. 감염된 사람은 온몸에 고름이 생기고, 특히 림프절 주위에 그런 농포가 생기면서 고열에 시달린다. 그들은 보통 열흘 이내에 사망했다. 폐렴성 흑사병은 더 신속하게 위력을 떨쳐서 그보다 더 짧은 시간에 환자를 죽게 했다. 치사율은 유럽의 여러 지역과 정착지에 따라 다르지만, 전 인구의 절반 가까이 사망한 것으로 추정된다. 하지만 재앙은 여기서 그치지 않았다. 이 병은 1360년대와 1370년대에 되돌아왔고, 15세기에도 여러 지역에서 창궐했다.

질병, 상실, 사망이 모든 유럽인을 덮치자 세상은 완전히 거꾸로 뒤집혔다. 인구는 겨우 16세기에 가서야 14세기 초반의 수준을 회복했다. 유럽 경제의 여러 전제조건들은 이제 다시 생각되어야 했다. 노동력에 대한 수요는 높았으나, 줄어든 인구를 먹이는 데에는 전보다 식량이 덜 들었다. 통치자들이 이런 상황에 개입하여 고정된 임금과 노동자 이동 제한을 통하여 노동

시장의 변화에 대응하려 했다. 따라서 14세기 후반과 15세기에 유럽 전역의 도농(都農) 지역에서 엄청난 소요 사태가 발생한 것은 그리 놀라운 일이 아니다. 토지 소유주들은 경작지의 노동집약적 형태로부터 광업, 목축, 어업 등의 다양한 분야로 사업을 확대하려 했다. 도시들은 도시의 공간을 잘 보살핌으로써 공공 보건을 유지해야 한다는 책임을 더욱 절감했다. 유럽인들은 많은 사망자를 추모하는 새로운 방법들을 발명했다. 그들은 게으른 사람, 일정한 주거지나 정규적 일자리가 없는 사람, "배려 받을 자격이 없는" 가난한 자들을 배척하는 경향이 있었다.

유럽은 중세 후반의 여러 세기 동안 형체나 인구 규모가 계속 바뀌었다. 발틱 지역은 13세기에 튜턴 기사단이 리보니아 지역을 점령하여 독일어를 말하는 사람들이 정착함으로써 유럽의 일부가 되었다. 그리스어를 말하는 비잔틴 제국은 1453년에 오토만에 정복당했다. 기독교도 통치자들은 알-안달루스의 대부분을 정복했고, 이 과정은 1492년에 그라나다가 함락됨으로써 완료되었다. 여러 인종과 종교적 종파들로 구성된 유럽인들은 헝가리, 오스트리아, 폴란드에서 몽골족과 맞섰다. 십자군들은 북아프리카의 정복과 성지의 재정복을 계속 상상했다. 십자군의 한 집단은 14세기 후반에 카나리아 제도에 들어가 교황의 축복 아래 그곳에 희미한 통치의 흔적을 남겼다. 14세기 이후 여러 세기 동안 유럽인들은 알렉산드리아, 다마스쿠스, 콘스탄티노플, 카라코룸, 예루살렘 등의 해외로 나가서 공동 거주지 혹은 무역 기지들(funduqs)에서 살았다. 무역로를 따라 순례자들도 순례의 길에 올랐고, 호기심 많은 학자들이나 자칭 선교사들도 그 길을 이용했다. 중세 말엽에 이르러 지중해 동부 지역은 오토만 왕조가 지배했고, 서쪽으로는 포르투갈의 왕들이 아프리카 해안 개발을 장려하면서 자금을 지원했다. 콜럼버스가 해상 여행을 떠나 '서인도제도'에 도착하는 1492년이 통상적으로 중세의 끝으로 간주된다. 그러나 콜럼버스는 유럽 여행의 전통, 지도 제작, 무역의 왕가 후원, 기독교적 사명감 등으로 인해 중세의 전통에 더욱 많이 빚지고 있는 사람이다.

'중간'의 시대? 지금까지 해온 얘기로 살펴볼 때 그 '중간'이라는 개념에 무엇이 남아 있는가? 별로 남아 있는 게 없다.

제2장

중세 사람들과
그들의 생활 양식

―――

   중세의 사람들이 우리와 아주 다른 것으로 종종 추정되고 있다. 이것은 그리 유용한 전제가 아니다. 지금이나 그때나 사람들은 가장 최선의 삶을 살려고 노력했고, 또 수지를 맞추려고 애썼으며, 사회적 제도들의 기대치에 부응하려 했고, 개인적 욕망을 충족시키려 했다. 과거의 사람들에게 자율권이나 선택의 영역을 부여하는 것―아무리 사소하더라도―은 역사가들이 그들에게 능동적 작용을 부여하는 것이다. 그러나 이런 작용을 고려한다는 것이 다음과 같은 두 가지 요인을 무시한다는 뜻은 아니다. 첫째, 중세의 사람들은 기아, 질병, 폭력 같은 잔인한 현실에 대하여 통제 능력이

거의 없었거나 아예 없었다. 둘째, 과거의 사람들은 현대인과 똑같이 자의식을 가지고 있고 또 미묘한 감정과 복잡한 생각을 체험할 능력이 있었다고 보아야 한다. 일부 학자들은 12세기를 논하며 '개인의 발견'이라는 명제를 내놓았고, 또 18세기에 가족 내의 정서적인 유대관계가 탄생했다고 주장한다. 그러나 살펴보겠지만, 우리의 자료들—유언장에서 시가(詩歌), 시각적 이미지에서 법정 증언에 이르는 다양한 자료들—은 사회 전 계층의 개인들이 우리와 유사한 정서를 갖고 있었다는 것을 보여준다. 가령 충성심, 질투심, 탐욕, 희망, 열정적 사랑 등이 공통되는 것이다.

이 장은 농촌과 도심에서의 가정생활과 공동체생활을 탐구한다. 어떤 행위는 친족과 관련이 있고 다른 행위들은 사회 안전망의 추구와 관련이 있다. 사람들은 직업 길드나 종교적 단체 등을 통하여 다른 사람들과 합류했고, 또 그들보다 더 힘이 세고 부유하고 지식이 많은 개인들의 보호와 지도를 받으려 했다.

자유, 부자유, 절반만 자유

사회 내에서 활동하는 능력은 한 개인의 법적 지위

에 영향을 받았다. 그 구분은 자유민, 노예 혹은 농노였다. 로마법은 자유민과 노예제의 조건을 인정했고, 노예제는 다소 변폭은 있었지만 중세 내내 유럽의 공식적 제도로 존속했다. 교회법은 기독교도를 노예로 만들어서는 안 된다고 선언했지만 일부 기독교도는 노예의 삶을 살았다. 대규모 로마 영지에서 자생한 노예제는 중세 초기에도 남아 있었고, 유럽의 동쪽 경계 지역에서 벌어진 전투에서 잡힌 노예들의 유입으로 그 후에도 존속되었다. 슬라브(slav)라는 단어는 슬레이브(slave: 노예, 라틴어 sclavus)와 동의어가 되었다. 파리 교외의 생제르맹-데-프레의 이르미논 수도원장이 825년경에 실시한 영지 조사에 의하면, 7,975명의 개인이 1,378개의 가정에 살고 있었는데 이들은 모두 영지에 부속된 자들이었다. 이것은 평균 가구원 5.78명의 대규모 가정이었다. 정복왕 윌리엄을 위해 1085년부터 1086년까지 실시된, 잉글랜드의 토지, 인구, 자원 등에 대한 광범위한 조사인 둠스데이 북(Domesday Book)은 잉글랜드의 영지들에 노예가 아주 많았다는 것을 보여준다. 노예는 조사된 인구의 10퍼센트를 넘는 수준이었다. 하지만 그 후 곧 노예의 지위가 우리의 자료에서 사라졌다. 카탈로니아와 아라곤에서는 다양한 정치적·성적 범죄들에 대한 징벌로 무슬림과 유대인들에 대한 노예화 작업이 벌어졌다.

영지에 의존하는 부자유스러운 사람들도 기술이 있으면 군사적·행정적 서비스를 통하여 사회적 사다리를 타고 올라갈 수 있었다. 가령 신성로마제국에서 부자유한 미니스테리알(ministeriales)은 땅을 보유하고, 또 귀족의 딸들과 결혼했다. 그들은 궁전들을 지휘했고 차례로 그들 자신의 궁전을 거느렸다. 또 헝가리의 조바지오네(jobbágiones)는 이동의 자유가 있었고, 그래서 13세기에는 대 몽골 전에, 그리고 15세기에는 대 투르크 전에 동원되었다. 14세기 후반에 유럽에는 또 다른 형태의 예속적인 삶이 도입되었는데, 아프리카의 흑인 노예들이 이탈리아와 이베리아의 도시들에서 가정 내 근무를 위해 매매된 경우가 그것이다. 그들은 잠시 뒤 노예 신분에서 해방(속량)되었으나 종종 가정 내 근무를 계속하거나 장인, 악사, 어부 등으로 일했다.

노예가 아닌 사람이라고 해서 모두 자유로운 것은 아니었다. 중세에는 노예는 아니지만 부자유한 신분을 가진 사람들이 등장했는데 이름하여 농노라고 했다. 이런 예속 상태로 전락하는 데에는 여러 과정이 있었다. 가난과 부채를 통하여 개인의 토지를 잃어버린 경우, 땅을 잃어버리고 점령당한 경우 등이 그것이다. 농노의 가정은 그와 그의 가족이 경작하는 영지에 부속되어 있었다. 그들이 그 땅을 점유하려면 중요한 의무사항들을 이행해야 되었는데 이것은 그들의 예속된 상태를 보여주는 구체적 표시이다. 농노들은 그들의 노동으로 거둔 수확을 영주와 나누어야 했고, 영주의 요청에 따라 특정한 일들을 수행해야 되었으며, 여행의 권리가 제한되어 있었다. 농노들은 그들의 옥수수를 영주의 제분소에서 갈아야 했고, 또 포도를 영주의 포도 압착기에 가져와서 짜야 했다. 또 장원 밖의 사람과 결혼을 하려고 할 때에는 그 허가에 대하여 대금을 지불해야 되었다. 농노의 지위를 아들에게 물려주려고 할 때에는 암소 한 마리를 바쳐야 했다. 그들의 삶은 척박했고 중세의 저술가들은 그 삶이 소박하면서도 거칠다고 서술했다. 베로나의 라더 주교는 930년경에 모든 사회 계층의 기독교인을 위한 지침서를 썼는데 노동자들에게는 이렇게 조언했다. "공정하면서도 근면해야 합니다. 당신의 운명에 만족하면서 그 누구도 속이지 말고 그 누구도 공격하지 말아야 합니다."

농노 가정의 구성원들 또한 예속된 상태였다. 1060년경에 제작된 아일랜드 풍자시는 사회 사닥다리의 밑바

닥에 있는 사람들(여기서는 농토를 경작하는 사람들)이 고생하는 현장을 묘사했다. "오 돔널, 거무튀튀하고 허리가 굽고, 거칠고 주름진 친구… 경작하는 사람의 손자인 너는 오소리처럼 지저분하구나." 농노들은 속량에 의해 자유민이 될 수 있었다. 주인이 농노에게 은총을 베풀어 속량될 수도 있고―가령 농노의 아들을 자유민으로 만들어 사제(司祭) 훈련을 받게 하는 경우―아니면 대금을 지불하고 자유의 몸이 될 수도 있었다. 속량된 후에도 부자유의 흔적이 여전히 남아 있을 수 있는데, 프랑스의 영지에서 살았던 콜리베르티(colliberti)가 그런 경우이다. 농노들은 때때로 군대에 들어가거나 소도시에서 일하기 위해 가정에서 도망쳤다. 그러면 영주의 관리들이 그 도망자를 추적하여 다시 영지로 데려왔다. 인구가 증가하던 12세기와 13세기에 농노들은 영지의 관리들과 협상하거나 아니면 대금을 지불하고서 소도시로 이사했다. 흑사병(1347~1352) 이후에 노동자들에 대한 수요가 폭증했다. 그러자 영지의 많은 젊은 남녀들이 그 땅을 떠나면서 오로지 노인과 어린 사람들만 뒤에 남게 되었다. 1350년 이후에는 농노제가 붕괴되었는데 이는 농노들을 억누르던 부담이 완화되었기 때문이다. 자연히 농노 가정을 지키는 데 필요한 의무사항들도 경감되었다.

중세의 남자와 여자

이러한 사회적 세계에서 남자와 여자에 관련된 규약
들은 그런 환경의 제약을 받았다. 젠더와 관련된 태도
는 여자와 여성성을 보호하는가 하면 통제했고, 칭송
하는가 하면 비난했다. 반면에 남성성은 하나의 이상,
하느님의 모습을 닮은 상태로 간주되었다. 이러한 제
도의 세부사항은 지역, 사회적 영역, 시기에 따라 달라
졌지만, 모든 곳에서 젠더는 예식이나 공적 선언 등에
서 뚜렷하게 드러났다. 의상, 처신, 공간의 사용 등은
사회 내의 젠더 질서를 분명하게 드러냈다. 프랑크족
의 신분 높은 수녀들은 화려한 의상이 입혀진 채 매장
되었다. 바틸드(Bathilde, 680년 사망)는 가장자리에 노란
색 술이 달린 붉은색 겉옷을, 베르틸라(Bertila, 사망 704년
경)는 노란 가두리 장식이 있는 갈색 상의를 입었다. 그
린란드의 척박한 생활 조건 속에서도 남녀와 어린아
이의 의상 구분이 있었다. 1200년경의 그린란드 의상
은 남자들은 암갈색과 흑색으로 염색한 옷을 입었음
을 보여준다. 여자들의 드레스는 대조적인 색상들로

장식된 것이었고, 어린아이들은 백색과 회색의 옷을 입었다. 이렇게 볼 때 색깔에 의한 신분 표시는 근대의 발명품이 아니다.

세속법, 교회법 그리고 사회 관습은 여성이 정신적·도덕적·신체적 능력에서 남자보다 열등하다고 보았다. 교회는 남자와 여자가 구원을 희망하고, 또 그것을 얻기 위해 노력해야 하지만, 여자들의 본성은 죄악 쪽으로 기울어지는 경향이 있다고 가르쳤다. 그러면서 여자는 하느님의 은총인 인간의 이성을 잘 활용하지 못한다고 보았다. 그 이유는 여자들이 몸 안에서 이곳저곳으로 돌아다니는 자궁 때문에 육체의 유혹에 잘 넘어간다고 여겼기 때문이다. 이성적 능력이 떨어지기 때문에 여자들은 우월한 남자들보다 더 권위 있는 자리에 앉을 수가 없었다. 수도자 클레어의 오스버트는 1136년경에 진실한 신앙심을 가진 여신도 바킹의 아이다에게 이런 조언을 했다. "음란한 쾌락이 당신을 여성으로 추락시키지 않도록 하십시오. 여성을 정복하십시오. 육체와 욕망을 정복하십시오."

이러한 사상이 고대로부터 물려받은 윤리와 과학의 체계 안에 뿌리 깊게 박혀 있었다. 고대인의 사상은 인간의 인격이 신체 안에 들어 있다고 보았고, 신체는 또한 영혼의 집이라고 보았다. 물질과 정신이 결합하여 사람이 생겨나는데, 각 개인은 4체액의 결합체이다. 담즙질은 대체로 뜨거운 체액이고, 다혈질은 대체로 축축한 체액, 점액질은 차가움, 흑담즙질은 건조함의 체액이다. 신체적 조건의 자연적 상태는 늘 유동적인 것으로 이해되었으며, 어느 특정 순간의 신체적 균형은 천체의 움직임에 영향을 받는 것으로 인식되었다. 또 개인의 식생활 습관과 신체 관리도 신체 조건에 영향을 미치는 것으로 보았다. 남자들은 열이 날 때 활동적으로 되기 때문에 성직자들은 야채 같은 차가운 음식을 먹고, 또 양념을 피함으로써 산만해지기 쉬운 남성성과 성적 욕구를 다스리려 했다. 몸이 차가운 남자들은 수염이 가늘고 고환이 작은 것으로 여겨졌는데 이들은 여자와 비슷한 존재였다. 반면에 여성성을 내던지고 좀더 '정력적'으로 되고자 하는 여자는 뜨거운 음식을 섭취하여 그들의 원래 축축하고 차가운 체액을 덥혀야 할 필요가 있었다. 신앙심이 굳건한 시에나의 카타리나(Catherine, 1347~1380)에 대한 정신적 조언 사항은 공중목욕탕에 가서 가장 뜨겁고 유황이 많은 물을 뒤집어쓰라는 것이었다.

가정과 결혼

대부분의 중세 사람들은 가정에서 일을 하고 여가 시간을 보냈다. 도시든 농촌이든 사람들은 주로 가정에서 일을 했다. 농민의 농지에서 혹은 장인의 작업장에서 남자, 여자, 아이들은 함께 일했다. 가정은 친족들만 포함하는 것이 아니라 가난한 친척, 하인, 견습공, 심지어 가난한 자들까지 포함하고 있었다. 가정은 남자 가부장 밑에 조직되어 있었고 그가 부재할 경우에는 때때로 그의 아내가 가부장 역할을 대신 맡았다.

결혼은 가장 일반적이면서도 논쟁적인 사회제도였다. 로마법은 결혼을 하나의 계약으로 본 반면, 게르만 관습은 결혼을 가문의 일, 즉 젊은이들을 통한 두 가정의 동맹이라고 보았다. 결혼을 하면 그에 따르는 좀 덜 구속적인 동맹도 지켜야 했다. 이러한 전통에 기독교의 성(性) 도덕이 추가되었다. 기독교는 결혼을 유덕한 기독교적 삶의 기본 틀로 보았다. 북아프리카의 히포 주교인 아우구스티누스(Augustine of Hippo, 354~430) 같은 기독교 사상가들이 대중 기독교의 현실과 씨름하면서 결혼에 대한 논의가 진지하게 시작되었다. 그의 접근 방법은 어디까지나 신학적인 것이었으며 결혼을 죄악에 대한 방지책으로 보았다. 그는 기독교적 결혼을 이해하는 길을 열었지만, 몇몇 사상가들은 계속하여 영웅적인 독신 생활이 결혼 생활보다 더 낫다고 주장했다.

남자와 여자에게 작용하는 결혼의 규약과 요구는 복잡하고 다양했다. 이런 복잡성의 밑바탕에는 남녀 차별에 의한 정체성의 이해가 자리 잡고 있었다. 그것은 남자들에게 아내, 딸, 여동생을 책임지라고 요구했고, 또 남자들이 여자의 재산을 관리하고, 또 그들의 삶을 지도하라고 했다. 남자들은 권위를 주장하기 위해 상습적으로 폭력을 썼으나 배우자가 죽으면 깊은 슬픔을 표시하기도 했다. 카롤링 왕실의 학자이며 궁신인 아인하르트는 아내 임마의 죽음(835년 사망)을 "매일, 모든 행동, 모든 일"에서 느낀다고 말했다. 그는 친구인 페리에르의 루푸스가 보낸 편지를 읽고서 위안을 받았다. "임마는 신체적으로는 여성이었으나, 정신적으로는 남자의 지위를 성취했습니다." 잉글랜드의 왕인 리처드 2세(Richard II, 1367~1400)는 평생 동안 아내의 죽음을 슬퍼했고, 또 재혼한 이후에도 사별한 아내를 잊지 못했다.

결혼은 성사(聖事)이며, 1부1처제이고, 생식을 위한 평생의 행사라는 기독교적 사상은 12세기에 들어와

중세

온전히 법제화되었다. 교회법에 의해 널리 전파된 기독교 결혼관은 개인의 삶을 간섭하는 가치관이었으나 여러 세기가 흐른 뒤에 마침내 유럽인들에게 받아들여졌다. 이 결혼관은 교회에 의해 널리 전파되었고 대부분 법률은 훈련받은 활동적인 교황들에 의해 적극적으로 추진되었다. 이 사상은 가장 중요한 인생의 측면—가정, 생식, 상속, 성욕—을 기독교적 윤리와 법률의 범위에 묶어두려 했다. 결혼을 개인의 도덕적 행위로 규정하고 그에 걸맞은 결혼법을 제정하고, 또 세속 신자와 교직자 모두에게 일관된 종교적 지침을 내림으로써 그 사상을 강화하려 했다. 결혼을 교회의 성사로 규정했기 때문에, 이에 대한 위반은 곧 교회 법정의 관할 사항이 되어서 사제와 주교의 제재를 받았다.

혼인성사는 취소할 수 없는 의례이고, 자발적으로 합의한 두 배우(配偶)에게 내려지는 은총이다. 교회법의 전문가들은 모든 가능성을 탐구했다. 결혼의 최소 연령은 몇 살인가? 결혼하겠다는 의사 표시는 어디까지 구속적인가? 기독교 결혼은 반대하는 친척들이 뒤집을 수 있는가? 결혼한 사람은 수도원 생활이라는 더 큰 미덕을 위해 결혼 생활을 떠날 수 있는가? 결혼이 성적으로 완성되지 않는다면 어떻게 해야 하는가? 이러한 질문들은 법적 논의와 인생 드라마의 주제가 되었다. 교회 법정에서 증언자들은 그들의 실망과 슬픔을 아주 자세하게 묘사했다. 교회 법정은 여자들의 증언을 받아들였고, 그래서 여자들이 깊은 상심, 깨어진 약속, 성적 모욕 등에 대해서 진실을 말한다고 기록했다.

교회는 근친혼 금지의 성경적 정의에 입각하여 부부관계를 추진하려 했다. 종교적 조언자들은 통치자들에게 기독교의 성 도덕을 받아들일 것을 조언했으나 이런 노력에 한계가 있다는 것도 알았다. 교황 그레고리 1세는 남부 잉글랜드로 선교 사업을 나가는 캔터베리의 오거스틴(사망 604)에게, 최근에 기독교로 개종한 잉글랜드 사람들의 사실상의 동거 배우자들에 대하여 관대한 조치를 취하는 것을 허용했다. 기독교 학문의 적극적 추진자였던 샤를마뉴는 많은 아내를 두었고 복잡한 부자관계를 형성했다. 그는 또 나중에 셸수녀원장이 된 여동생 기슬라(Gisla, 757~810)와도 성관계를 맺은 것으로 알려졌다. 근친혼 금지의 범위는 늘었다가 줄어들었다 했다. 세례식에서 새로운 정신적 친족관계—대부와 대모와 대자—가 형성되면 이들은 결혼이 금지되는 친족관계에 들어섰다. 12세기에 이르러 교회법은 7촌 이내의 친척들의 상호 결혼을 금지했다. 그러나 이 금지사항은 지키기 어려운 것이었다. 1215년에 이르러 교회는 그 규정을 완화하여 결혼 금지를 4촌 이내로 완화했다. 하지만 이것조차도 소규모 농촌공동체나, 소수 엘리트들 사이에서만 결혼하는 왕족들에게는 지키기 어려운 규정이었다. 근친혼 금지에 대한 사상은 흥미로운 주제로 남았다. 고해 신부 지침서는 사제들에게 이 문제에 관하여 교구민들에게 직접 물어볼 것을 지시했고, 또 설교를 하면서도 이 문제를 거론하라고 주문했다. 문학 작품들도 이 주제를 다루었다. 가령 1200년경에 하르트만 폰 아우에 (Hartmann von Aue, 1165경~1215경)가 쓴 게르만 시 「그레고리우스Gregorius」는 근친혼에서 태어난 성자를 다루고 있다.

13세기에 이르러 기독교식 결혼이 널리 교육되었고, 그리하여 여러 세기에 걸쳐 하나의 공인된 길로 정착되었다. 전통적인 약혼과 결혼 의례—가정과 공동체 내의 축복—에 더하여 이제 교회의 의례가 추가되었다. 종종 교회 문 앞에서 결혼에 대한 축복이 이루어졌다. 아이가 태어나면 세례식을 베풀고, 그리하여 가정과 교회가 전보다 더 가까워졌다. 또 어머니들은 출산의 시련과 오염 뒤에는 교회에 나가서 정화 예식을 올린 후에 다시 공동체로 편입되었다. 아주 독특하게 구성된 가정이었지만 그래도 마리아와 요셉의 생애는 교회의 강론에서 하나의 이상으로 높이 받들어졌다.

기독교식 교회는 부부애와 상호보완의 이상을 추진했다. 남자와 여자는 다르지만 기독교적 생활을 해나가는 데 서로 도와줄 수 있었다. 결혼 이후에 함께 성생활을 나누어야 한다는 것은 부부의 상호적 의무로 인식되었다. 여자들은 성적 접촉에 대한 불안감―질병, 개인적 혐오감, 사순절의 제약, 월경 등에 의한 불안감―을 극복하고 남편의 욕구에 부응하는 것이 의무라고 교회의 강론은 가르쳤다. 15세기에 들어와 한 영향력 있는 목소리는 이 '의무'의 독재에 대하여 이의를 제기했다. 토스카나의 프란체스코 설교자인 시에나의 베르나디노(Bernardino, 1380~1444)는 여자들의 고해성사를 주의 깊게 들었기 때문에 그들의 곤경을 잘 이해했다. 그리하여 남편들에게는 지시하고 교정하는 권리를, 여자들에게는 복종하고, 존경하고, 권면하는 의무를 가르쳤다. 하지만 그는 강요하는 일방적 성관계는 애정의 의무를 위반한 것이라고 주장했다. 베르나디노의 설교는 1천 년 전에 성 아우구스티누스가 말한 것에다 토스카나의 해석을 추가한 것이었다. 결혼은 욕망을 억제하기 위한 제도이니까 미루어서는 안 된다. 그렇지 않으면 남자들끼리 성관계를 맺게 되는데 이것은 아주 깨트리기 어려운 "불건전한" 습관이다.

부모와 사제들은 젊은이들에게 빨리 가정을 꾸리라고 권유했다. 그들이 젊을 적에 어떤 성적 체험을 했든, 또 훈련과 일을 함께하는 동성 환경에 오래 있었다 하더라도, 대부분의 사람들은 결혼을 했다. 많은 사람들이 재혼을 했고 이렇게 하여 다세대 가정과 상속과 애정의 복잡한 그물망을 만들어냈다. 중세 말기에 종교적 이미지와 이야기는 이런 사회적 현실을 반영했다. 마리아, 요셉, 아기 그리스도의 성 가정은 풍요로운 친척관계의 그물망 속에서 재현되었다. 이 관계 속에서 마리아의 어머니 앤은 여러 명의 손자들을 귀여워했다. 그들은 앤이 세 번 연속 결혼하여 얻게 된 후손들이다. 독일의 교구 교회들은 이 성 가정의 조각상을 전시했다. 앞면에는 두 명의 성스러운 여인과 아기 예수가 있고, 앤의 다른 딸들이 낳은 자녀들—그리스도의 사촌들—이 그 주위를 두르고 있다. 뒤쪽에는 네 명의 남자, 즉 요셉과 앤의 세 남편이다(그림 4). 남자와 여자, 젊은이와 늙은이는 이런 조각상에 그들의 가족관계가 반영되어 있다고 생각했다.

그림 4 1485년경에 독일의 한 교구에서 제작된 채색 조각품으로 어린 그리스도의 성 가족을 묘사하고 있다. 여인들과 아이들이 전면에 배치되어 있다.

결혼의 성생활이 자녀를 얻기 위한 것이라면, 그런 성생활을 방해하는 것은 결혼 취소의 사유가 되었다. 결혼은 자발적으로 이루어진 성사이므로, 강요는 자동적으로 그 "강요된" 결혼 생활을 무효로 만들었다. 가정을 꾸미는 능력에 대한 불안감은 여러 다른 유형의 자료에서 분명하게 드러난다. 사람들은 아이를 낳으려는 간절한 소망을 마법, 의약, 기도, 순례 등에 의존했다.

가정

결혼과 동시에 가정이 꾸려지고 대부분의 유럽인들은 결혼 후 새로운 가정을 형성했다. 이 가정은 작업의 단위였다. 가정의 농지 혹은 작업장이 곧 일터였다. 기사와 귀족 가문은 가정의 사업인 영지 관리를 성(城)이나 영지의 농장에서 하거나, 혹은 이탈리아 가정의 경우처럼 도시의 궁전에서 관할했다. 여자, 견습공, 마부, 하인이 가정의 운영을 도왔고, 가정의 대표는 가부장이었으며, 그는 법률, 재정, 정치, 민간 의례 등에서 가정을 대표했다.

왕이나 귀족의 궁정은 대가족의 집인가 하면 관료제와 정치적 행정의 집이었다. 중세 초창기에 왕의 궁정은 언제나 이동했다. 프랑크족의 메로빙 왕조는 그들의 여러 영지들을 순회하면서 돌아가며 궁정을 차렸다. 그 영지에서 생산되는 산물과 농노의 노동력이 궁정을 지원했고, 또 종교적 기관들은 순회하는 왕에게 환대를 베풀었다. 이 궁정의 아주 중요한 역할인 궁정 장관(maior domus)은 가정으로 치자면 시종장 격이었다. 궁정 장관이었던 샤를 마르텔(Charles Martel, 688경~741)은 엄청난 권력과 영향력을 갖게 되었고, 그리하여 마르텔의 두 아들―페핀과 칼로만―은 그의 사후에 프랑크족의 땅에서 왕이 되었다. 페핀의 아들 샤를마뉴는 아헨에 아주 장엄한 가정이라고 할 수 있는 수도(首都)를 건설했다. 주교를 옹위하면서 주교좌 교회에 생기를 불어넣는 사제들과 하인들의 집단은 파밀리아(familia: 가정)로 알려졌는데, 그 가정에 소속된 독신 구성원들에게는 일반 가정들에서 지원하고 배려했다.

여성의 노동은 가정의 복지에 필수적인 것이었고 모든 영역에서 그들의 노동이 제공되었다. 헝가리에서 젤레르트(Gellért, 980~1046)로 알려진 순교 주교『성 젤레르트의 생애*Life of St Gerad*』는 주교가 여행 중에 맷돌 돌아가는 소리와 여성의 목소리를 동시에 듣는 장면을 소개한다. 주교의 여행 동반자는 그 여자가 옥수수를 갈면서, 맷돌을 돌리고, 동시에 "즐겁고 쾌활하게" 노래를 부르는 것이라고 설명한다. 13세기 잉글랜드의 검시의(檢屍醫) 기록은 여자들이 농사 일을 하는 중에 사고를 당한 것을 보여준다. 들판에서, 헛간에서, 무겁고 날카로운 금속 도구를 사용할 때 그런 부상을 당한 것이다.

집안, 작업장, 들판에서 여자들이 일을 하려면 기술과 협력이 필요했고, 그들은 다른 여자들로부터 비공식적 훈련을 받았다. 어디서나 여자들은 식량을 모으고 준비했으며, 가축들을 보살폈고, 옷감을 짰다. 로스킬데 근처 키르케루프의 덴마크 교회 벽화(1330경)는 한 여자의 모습을 보여준다. 그녀는 강보에 싸인 두 아이를 곁에 두고서 실을 잣고 있다(그림 5). 실 잣기, 옷감

그림 5 1330년경에 제작된 덴마크 키르케루프 교회의 벽화. 강보에 싸인 두 아이가 어머니의 몸에 연결되어 있고, 어머니는 실을 잣느라고 바쁘다. 에덴 추방의 장면 가까이에 그려진 이 그림은 노동과 이브의 죄악을 연결시키고 있다.

짜기, 옷 꿰매기 등은 특별한 도구를 사용해야 되었다. 13세기 그린란드에서 발굴된 물건들 중에는 바늘, 가위, 솔기 마무리, 베틀 고정 장치 등이 들어 있었다. 양털과 동물 털을 조합하여 실로 만들고, 또 이끼나 승람(겨자 잎에서 채취한 청색 물감) 등의 천연 염료로 물들이는 데는 상당한 전문 기술이 필요했다. 또 광물이 풍부한 물에다 실을 살짝 담가서 짙은 갈색으로 물들이기도 했다.

도시에서 여자는 가정의 작업장에서 일했다. 종종 그들은 '가게의 전면'에서 일하면서 완성된 제품을 가게 매장에서 팔았다. 공증인, 의사, 상인 집안의 딸들은 읽기, 쓰기, 계산하기를 배웠는데 나중에 가정을 꾸리면 이런 능력이 큰 도움이 되었다. 여자들은 집에서 만든 물건을 팔았고, 종종 수지를 양초로 만드는 등 가정사업의 부산물을 만들어내기도 했다. 중세 후반기에 여성들은 집안에서 종종 집단을 이루어 직물 제조 일을 했다. 또 흑사병 이후 노동력의 수요가 점점 증가하자 전에 가내 하인들이 했던 노동력을 대신 제공했다. 여자들은 값싼 제품을 팔거나 미리 조리된 음식을 팔았다. 개인 주방을 유지하는 것은 부유한 도시 사람들의 특권이었기 때문이다. 현지의 소송 사건들은 우리가 이런 여성을 어떻게 이해해야 할지 도움을 준다. 1344년 에섹스의 인게이트스톤에서 양조장을 하는 여자가 상한 맥주를 내놓았다고 고소를 당했다. 그녀의 소송 대리인은 남편이었는데 그 역시 벌금을 물었다. 그러나 마르세유에서 유대인 산파는 1403년에 부실 의료 행위로 고소를 당했는데 그녀 혼자서 자신을 변호했다.

역사가들은 아이들을 정서적으로 귀여워해주는 것이 계몽시대의 산물이라고 생각했다. 하지만 이것은 잘못된 생각이다. 중세의 가정은 어린아이들을 양육하고 보호하는 핵심 장소였다. 농민들부터 귀족 엘리트에 이르기까지 모든 사회단체는 어린아이들에게 건강하고 생산적인 삶을 영위하도록 훈련하는 방법을 갖고 있었다. 심지어 가난한 가정들도 아이들의 치료약을 찾아 예배당을 찾아가기도 했다. 죽은 어린아이와 함께 묻은 프랑크족의 부장품에는 어린아이용 무기와 장난감들이 들어 있었다. 강요와 격려의 복잡한 연결망이 가부장적 공동체의 어린아이들에 대한 태도를 결정했다. 그렇지만 많은 경우에 어린아이보다는 노인이 우대받았고, 딸들보다는 아들이, 먼 친척보다는 가까운 친척이 더 대접을 받았다. 여자들은 자녀들을 훈련하도록 기대되었다. 기독교적 행동규범이 유럽 전역으로 퍼져나가 잘 확립되자, 1차 교육자로서 어머니와 여자 친척의 역할 또한 정립되었다. 〈시편〉, 〈사도신경〉, 〈아베 마리아〉와 〈하늘에 계신 우리 아버지〉 같은 잘 알려진 기도, 감동적인 종교적 이야기들 등이 가정에서 어머니의 말로 교육되었고, 또 가정생활의 일부분으로 편입되었다.

가정은 어린아이들의 장래를 보장하기 위해 어려운 결정을 내려야만 했다. 10세기에 이르러 유럽 여러 지역─잉글랜드, 프랑스, 제국의 여러 지역 등─의 대부분의 지주 가정들은 토지를 아버지로부터 물려받은 상속재산으로 보아 후계자에게 물려주어야 한다고 생각했다. 세습재산은 그 가정에 고유한 이름을 부여했다. 이 시기에 드 쿠시 혹은 드 부용 같은 가문의 성 (cognomina)이 생겨났다. 장자 이외의 아들들에게는, 가문의 권위와 비교적 무관한 최근에 획득된 땅을 물려주었다. 극단적인 사례를 한 가지를 들어보면, 정복왕 윌리엄의 장남 로버트 쿠르토즈는 1087년 가문의 세습재산인 노르망디를 물려받았고, 동생(후일의 헨리 1세) 은 보다 최근에 획득한 잉글랜드 왕국을 물려받았다.

가문의 이름과 토지를 물려받은 이상적 후계자는 성

인 남자였지만 때때로 이것이 가능하지 않았다. 이런 상황에서는 여자들이 남자들의 통치자가 되었고, 또 권력의 요직을 차지했다. 잉글랜드의 헨리 1세는 후계 문제를 준비할 때 사생아 아들밖에 없었다. 그래서 그는 딸인 마틸다(Matilda, 1102~1167)에게 왕국을 물려주었다. 그는 왕국의 실력자들에게 그녀를 후계자로 인정한다는 맹세를 받아냈고 이렇게 하여 왕조와 정치의 연속성을 확보하려 했다. 그러나 정작 딸을 옹립해야 할 시간이 오자 이것이 제대로 작동하지 않았다. 영국의 귀족들은 신분은 좀 낮더라도 전장에서 잘 알려지고 존경받고 검증받은 남자인 블루아의 스티븐을 선호했다. 잉글랜드는 곧 갈등의 세월로 접어들었다. 13세기에 플랑드르의 백작들은 유럽의 유명 왕조 중 하나였는데 그들의 딸을 후계자로 삼아서 큰 성공을 거두었다. 도시의 경우, 길드의 조약은 가정 내 작업장이 과부에 의해 운영되다가 아들/후계자가 성년이 되면 그에게 물려주는 것을 허용했다.

장자상속은 토지 계급에서만 통용된 것이 아니라 그보다 지위가 떨어지는 가문에서도 적용되었다. 가령 농노 토지나 공예 작업장의 상속에도 장자상속이 적용되었다. 어떤 지역들—켄트의 일부 지역, 13세기의 웨일스, 남부 프랑스—에서는 분할 상속을 허용했는데, 곧 그에 따른 문제점에 봉착했다. 여러 명의 상속자가 땅을 나눠 가질 경우 한두 세대가 지나가면 그 땅들이 그 어느 소유주도 먹여 살리지 못할 정도로 영락하게 되었다. 대부분의 가정들은 장남이 아닌 아들을 위하여 여러 가지 전략을 세웠다. 아들들에게 유리한 결혼을 시킨다든지, 기술을 훈련시킨다든지, 이민을 간다든지, 개활지를 개척한다든지, 새로운 땅의 사용권을 얻는다든지, 아니면 전문직을 갖도록 했다. 전문직에는 법률가, 사제, 큰 가문(도시 혹은 왕궁)의 관리 하인 등이 있었다. 딸들에게는 좋은 혼처를 얻기 위해 많은 지참금을 배정했는데 지참금은 집안의 부를 공유하는 방식이기도 했다.

농촌의 정착지

많은 사람들이 다양한 형태로 농촌 정착지에 살았다. 남부 잉글랜드, 북부 프랑스, 포메라니아 등에는 인구 조밀한 정착촌들이 있었고, 농사를 짓는다는 것은 곧 마을 사람들이 경작지인 들판을 중심으로 살아간다는 뜻이었다. 몇몇 마을들의 중심에는 녹지, 광장,

우물 주위의 공적 공간이 있었고 이런 광장은 때로는 현지 교회 바로 옆에 있기도 했다. 유럽 해안 지대의 어촌 마을들은 몇 가지 뚜렷한 특징을 공유했다. 바다 -늪지나 천연 염전으로 둘러싸여 있었다. 남녀 구성은 종종 불균형하여 여자가 훨씬 많았다. 어떤 마을들은 보호 장벽으로 둘러싸였고, 또 다른 마을들은 작은 마을들—인근의 농가들—을 빙 둘러싸며 퍼져나갔고, 또 어떤 마을은 고립되어 있었다. 농촌 정착지의 형태는 그 풍경, 일거리, 주민들의 생계, 원래 마을이 들어설 때의 환경 등을 모두 반영했다.

일반적으로 농촌 정착지는 역사의 불변하는 모습이라고 널리 생각되고 있지만, 현실은 그보다 더 복잡하고 흥미롭다. 남부 유럽의 일부 정착촌들은 실제로 아주 오래되었으나, 이민, 침략, 가축의 계절적 이동, 정복 등이 농촌 마을에 변화를 가져왔다. 가난한 북유럽 주민의 목조 가옥을 한번 생각해보라. 6세기와 7세기에 이런 가옥에서 살던 주민들은 정기적으로 썩은 목조 가옥을 방치하고서, 가축들과 함께 다른 곳으로 옮겨가서 다시 나무 막대기를 세워 목조 가옥을 만들고 거기서 살았다. 알프스 지역 농촌 주민들의 삶은 이동이 특징이었다. 이곳의 일부 주민들은 1년에 몇 달 동안 마을을 벗어나 살면서 목초지를 찾았고 추운 날씨로부터 보호받으려 했다. 13세기부터 카스티야의 수백 개 마을들은 엄청난 숫자의 양들을 데리고 목초지를 찾아 나섰다가 다시 돌아왔다. 가축의 계절적 이동은 한 번에 몇 달 동안 이들 공동체의 모습을 바꾸어 놓았다. 북부에서 남부로 약 3백만 마리의 양떼가 이동하면 사람들도 함께 따라 움직였다. 그 결과 이동 연도(沿道: canadas)의 마을과 도시의 인구는 증가되었다.

농촌 정착지는 종종 성직자나 귀족이 다스리는 빌라(villa: 마을) 주위에 집중되어 있었다. 이베리아에서 로마의 빌라들은 심지어 무슬림 통치하에서도 경제 단위와 가정의 근거지로 존속했다. 곡식 생산이 핵심사업이었지만 돼지와 양 들을 키웠으며 현지에서 재배한 양털이나 리넨 같은 재료로 옷감을 짜는 수공일도 했다. 이런 정착촌들은 1000년에 이르러 영주가 통치하는 지역의 핵심이 되었고 현지의 영주(seigneur)는 정착촌들을 더욱 장려했다. 정착민의 안전을 보장하고 영주의 권위를 과시하기 위해 웅장한 성(城)들이 건립되었다. 성 주위의 토지에 살던 사람들은 전시에는 이런 강화된 공동체를 피난처로 삼았다. 시에나 북쪽의 몬테리죠니는 수십 년 동안 피렌체와 시에나 영지들의 경계지에 위치해 있었다. 그곳은 '왕관' 같은 탑들로 둘러싸였는데—그중 14개가 아직도 남아 있다—주위 저지대의 농민들은 두 도시가 싸움을 벌일 때에는 이곳을 피난처로 삼았다.

1000년에 이르러 군주와 봉신, 영주와 농노의 상하관계는 정치적·군사적 조직의 기반이 되었고, 또 경제발전의 터전이었다. 영주와 봉토는 가장 강성하든 혹은 가장 미소하든 대부분의 유럽인의 생활을 결정하는 기본 틀이었다. 토지에서 나오는 부와 천연자원을 이런 식으로 배치하는 바탕 위에서 충성심, 기사도, 정의, 관대함, 공동체의 책임 같은 문화적·개인적 가치가 생겨났다.

유럽의 많은 지역에서 농촌 정착지는 17세기부터 '봉건'이라고 알려진 토지 점유의 제도 위에 존재했다. 봉건이라는 용어는 토지가 수직적 제도에 의해 보유되는 형태를 가리켰다. 그러니까 봉신은 영주로부터 토지를 하사받고 그 대신 영주에게 충성심과 도움을 주는 형태로 보는 것이다. 영주와 봉신은 후자(봉신)가 충성을 맹세하고 이어 키스로 마무리하는 의식으로 굳게 맺어졌다. 이런 봉건관계에서 하사되는 토지는 여러 개의 영지로 구성될 수도 있었다. 가장 높은 수준에는 그 토지가 하나의 카운티, 공국, 혹은 왕국이었고, 그 영지 내에서의 인구, 천연자원, 사법 권한 등은 모두 봉신이 소유했다. 봉건관계는 헤브리디즈 제도(諸島)에서 헝가리, 토스카나에서 노르웨이에 이르기까지 넓은 지역에서 발견되지만, 그 역사와 구체적 형태는 너무나 다양하여 '봉건주의'라는 용어로 전부 포섭되지 않는다. 이 때문에 오늘날 역사가들은 '봉건주의'라는 용어를 제한적으로 사용하거나 아니면 그 용어를 아예 쓰지 않는다.

역사가 마르크 블로크는 모든 땅에 대하여 여러 사람이 "내 것"이라고 말할 수 있었다고 주장한다. 땅을 경작하는 사람, 자신보다 높은 영주에게서 땅을 하사받은 사람, 높은 영주, 땅을 높은 영주에게 하사한 왕 등이 그들이다. 어떤 땅은 봉토로 전환되지 않고 영주의 관리인(bailiff)이 노동자와 농노의 노동력을 사서 직접 경작했다. 이 관리인들(sirvents 혹은 sergents)은 영지를 관리했고, 농촌 노동자들과 현지 언어로 직접 의사소통을 했으며, 농노들이 규율을 위반하면 영주의 궁정에 소환했다. 이들은 농촌공동체에서 별로 환영을 받지 못하는 존재였다.

농노는 자신이 경작한 곡식과 키운 가축을 공유할 뿐

만 아니라 정해진 날에 영주에게 노동력을 제공해야
되었다. 이런 노동력은 농사일과 관련된 것, 가령 씨뿌
리기와 추수 등의 형태로 요구되었다. 하지만 농노들은
자신의 농사일도 돌보아야 했으므로, 이런 무보수 부역
을 고단하게 여겼다. 우리는 1천 년 전에 지어진 성이
나 토목공사를 보면서 그 당시의 기술 수준으로 저런
공사를 벌였다는 것에 감탄한다. 그러나 그 이면에는
많은 노동력의 땀과 눈물이 깃들어 있다. 영주들은 땅
없는 사람들의 값싼 노동력과 농노들의 무보수 부역을
손쉽게 동원하여 그런 공사를 벌였다. 무보수 부역에는
짐차 운송, 돌 깨기, 채광 등의 일도 포함되었다.

  정치적 변화는 농촌공동체의 생활리듬에 영향을 주
었다. 노르만의 잉글랜드 정복 이후에 도처에 성들이
지어졌다. 도시의 중심부에서는 한 번에 수십 군데의
거주지를 밀어내고 성을 지었으며, 전략적으로 중요
한 지역들, 가령 웰시 마치(Welsh Marches) 같은 곳에서도
견고한 성을 지었는데 처음에는 나무로, 나중에는 돌
로 지었다. 이런 웅장한 건물을 보고 있노라면 그 공사
에 엄청난 노동력과 자원이 효과적으로 동원되었다는
것을 알 수 있다. 엄청난 영지와 농노들을 소유한 영
주들은 필요한 건설 노동력을 동원하고, 건축에 필요

한 목재를 징발하고, 또 영지에서 조달된 자금을 건설 공사에 투입했다. 이곳(웰시 마치)은 그보다 300년 전에 머시아의 왕 오파(Offa, 재위 757~796)가 토목공사로 강화된 제방을 지었던 지역이다. 헤브리디즈 제도의 어촌 마을의 고고학적 유적들은 노르만 정복이 경제생활에 미친 영향을 보여주고 있다. 노르웨이(바이킹)의 영향력이 밀려와 10세기에 그 패권을 정립하기 이전에만 해도, 쓰레기 더미와 퇴적층에서 발견된 이 시대의 유물들은 다양한 범위의 생선뼈들을 보여준다. 그러나 후대로 오면 생선은 대구와 메를루사(대구의 일종) 두 종에 집중되어 있다. 헤브리디즈 사람들의 어업 습관은 노르웨이 영향권에 편입된 것이다. 그리하여 이 섬지역의 어산물들은 유럽의 건어물 시장에서 선두를 달리게 되었다. 이 시대에 곡식을 말리는 기술이 굽는 가마의 형태로 헤브리디즈 제도에 도입되어 검은 귀리와 호밀의 건조에 활용되었다. 이러한 변화는 이 섬지방의 경제가 집중적인 경작 농업으로 옮겨가는 전반적 흐름을 보여준다. 이러한 경제적 편입은 노르웨이에서 도입된 아마(flax)가 우뚝한 작물의 위치를 차지하게 된 현상을 설명한다. 아마유는 나무를 말리고 처리하는 데 아주 유용하기 때문에 선박의 건조에 필수품이었다.

　종교 시설(교회와 수도원)은 건립 당시에 땅을 하사받았고 이어 기도를 바치는 대가로 여러 세기에 걸쳐 후원자들로부터 더 많은 기증을 받았다. 종교 시설은 집단적 '영주'로 활동했고, 땅들을 아주 효율적으로 관리했다. 종교 재산은 형제들 간의 재산 분쟁도 없고 딸에게 지참금을 지불할 필요도 없었다. 그래서 수세기 동안에 걸쳐 축적되어온 이 엄청난 부가 교량건설, 습지 준설, 삼림지 개간, 멋진 건축물의 건립 등 여러 공사에 투자되었다. 종교 시설은 전원 지방에 우뚝 솟아 있었고, 그들의 교회는 시골 사람들이 수십 년에 걸쳐 돌을 나르고, 목재를 준비하고, 집을 짓고, 짐차 운송하는 일 등의 노동을 무보수로 바친 결과물이었다.

　식량 사정은 모든 지역에서 날씨, 사회 안전, 질병 등의 상호 연계된 다양한 원인들로부터 영향을 받았다. 기아는 언제나 심각한 문제였다. 궁핍한 시기에 영주들이 농노에게 식량과 씨앗을 제공했다는 것을 그들의 기록으로부터 알 수 있다. 궁핍한 상황은 때때로 코케인(Cokaigne)의 땅 같은 풍요의 환상을 불러일으켰는데 여러 시가(詩歌)들이 이 땅을 노래했다. 그곳은 고기 덩어리와 빵 덩어리가 비처럼 내리고, 구운 닭고기가 어디선가 날아와 굶주린 자의 입속으로 직접 들어간다는 땅이었다. 농촌에서는 폭풍우를 피하고 생명을 살리는 비가 내리도록 기원하는 의례와 마법이, 당국의 공식적인 금지에도 불구하고, 자주 거행되었다.

농촌 정착지—농촌 마을—는 같은 동네 가정들 사이에서 중요한 유대감의 터전이었다. 유럽이 기독교화하면서 대부분의 농촌은 교회의 하부 단위가 되었다. 마을은 식량을 생산하고 교회에 십일조를 바쳤다. 마을은 모든 가정에 집과 같았다. 가정의 어린아이는 세례를 필요로 하고 죽은 이는 매장을 해야 하는데 마을이 이를 다 해주었다. 또한 영지를 소유하고 그 영지에 소속된 사람들을 다스리는 기사나 귀족들은 점점 더 교회와 긴밀한 관계를 맺게 되어, 그 규범과 법률을 영지 내에 널리 퍼트리려고 애썼다. 주민들이 상부상조하는 마을에서는 사람들 사이의 평판이 무엇보다도 중요했다. 농촌공동체는 중상비상을 아주 심각한 죄로 여겼고, 그래서 아일랜드 속담에는 이런 말도 있다. "현명한 사람은 말(言)이 피를 불러온다는 것을 잘 알고 있다." 그리하여 중상비방은 자비에 정반대되는 행동으로서 교회법의 다스림을 받는 죄악이 되었다.

11세기에 들어와 교회를 짓는 건설사업이 파도처

중세

럼 퍼져나갔다. 그래서 수도자-연대기 작가인 라둘프 글라버(Radulph Glaber, 985~1047)는 1026년경에 이 현상을 "교회들의 하얀 겉옷"이라는 멋진 말로 묘사했다. 이런 현상은 교회를 돌로 지어서 오래가는 예배 장소로 만들려는 영주들의 소망에서 나온 것이다. 영주들은 또 사제들도 임명했는데, 이 권리에 대하여 교황청은 적극적으로 반대의사를 표시했다. 생활의 사이클과 1년 4계를 기독교의 의례와 서로 연계시킨 것은 농촌 정착지를 하나의 사회적 틀로 만들었다. 그리하여 이 공동체에서는 여러 인간관계와 의미들이 서로 겹치게 되었다.

노동과 예배의 집단적 체험은 농촌공동체에 필요한 협력-유대 관계를 강화시켰다. 농촌 구성원들은 종종 힘들게 살아갔기 때문에 이런 협력이 필요했다. 그러나 협력 바로 곁에는 경쟁도 있었다. 각 가정 내에서 혹은 가정들 사이에서 긴장이 존재했다. 가령 젊은이와 노인, 근면한 자와 게으른 자, 부유한 자와 가난한 자, 땅을 소유한 자와 땅을 빌린 자, 땅의 임차인인 남자와 남자 친척들에 의존해야 하는 여자 사이에서 긴장이 있었다. 하지만 종교적 가르침에 따라 자비와 공유의 행위 또한 존재했다(그림 6).

그림 6 파르마 세례당의 벽에 운디케시모 니키오네가 '자비의 일곱 역사'를 주제로 그린 프레스코화(1370경~1380). '목마른 자에 물을 주기' 장면은 목마른 사람의 갈증과 물을 받아먹는 사람의 감사를 잘 포착하고 있다.

도시들

　중세 유럽의 사람들은 대부분 농사일에 연결되어 있었으나, 그래도 상당수의 사람들이 도시에서 제조업과 상업, 학문, 교육과 종교의 서비스 등에 종사했다. 대도시와 소도시는 농산물, 가축, 원료가 판매되고 분배되는 중심지였다. 시장은 그 도시의 상업적 능력을 규정했고, 그래서 대부분의 유럽 도시들에서 큰 교회는 시장 통에 위치했다. 프라이부르크의 경우 성모 마리아 교회는 아직도 시장에 서 있고 케임브리지의 위대한 성모 마리아 교회는 시장 가장자리에 서 있다.

　도시들은 중세 유럽의 생활에서 중심을 차지했다. 로마의 유산 중 하나로는 도시를 들 수 있다. 가령 마인 강과 라인 강이 합류하는 지점에 세워진 키비타스 모군티아룸(Civitas Moguntiarum) 같은 도시는 중세에 들어와 중요한 도시(마인츠)가 되었다. 이 도시의 주교들은 포도 경작을 장려하여 지역의 경제를 활성화시켰고, 또 8세기에는 색슨 족에 대한 전쟁을 지휘했고 그들을 정복한 후에는 선교단을 보냈다. 정치적 현실에 따라 새로운 도시들이 창건되었다. 저지(低地) 작센(Saxon)의 도시 마그데부르크는 샤를마뉴가 805년에 이 지역을 정복하고 색슨족의 개종을 강요한 이후에 건설되었다. 이 도시는 나중에 오토 제국의 동쪽 전초 기지로 번성했다. 마그데부르크에서 성 아달베르트(St Adalbert, 981 사망)는 마자르족의 개종을 처음 시도했다. 11세기 초에 이 도시의 경제적 중요성은 시장을 개설 하라는 허가장에 의해 인정되었다. 이 도시는 방대한 교회 지구의 중심지에 자리 잡았기 때문에 그 이전에 이미 대교구로 승격되었다.

1000년 이후에 경제 활동이 크게 늘어난 것과 발맞 추어, 여행과 교류를 안정시키려는 여러 조치들이 생 겨났다. 영주들은 여행자들의 신변 안전을 보장했고, 교량과 도로를 유지보수하면서 통행세를 징수했다. 이 탈리아에서는 이런 현지 영주들과 도시들 사이의 공통 이해관계가 맞아떨어져 공동정부, 즉 코뮌(commune)으 로 발전했다. 11세기와 12세기의 코뮌들에서는, 이런 이해관계가 상호 부합하여 제노바, 파르마, 베로나 같 은 정치적 도시가 생겨났다. 이 자유도시들은 그들의 영주인 신성로마제국의 황제에 대하여 의무사항을 지 키기만 하면 그들의 자유를 지킬 수 있었다.

유럽 전역에서 진취적인 통치자, 주교, 수도원장들 에 의하여 새로운 도시와 대도시가 창립되었다. 카스티야와 아라곤에서는 최근에 무슬림 통치자들로부터 탈환한 도시들에 대한 정착을 권장하기 위하여 허가장(fueros)을 발급했다. 1187년에 나온 쿠엔카 허가장은 "기독교도, 무어인 혹은 유대인, 자유민 혹은 노예 등 그 누구든 이곳에 와서 살려고 하는 사람은 환영한다…"라고 되어 있다. 프랑스의 왕들도 도시의 성장을 권장했고 12세기와 13세기 초에 샹파뉴의 거대한 시장을 조성했다. 잉글랜드의 왕들은 12세기에 열 개의 소도시에 자치도시의 지위를 허가했고, 마찬가지로 튜턴 기사단도 13세기에 리보니아를 정복한 후에 도시 생활을 권장했다. 그러나 통치자들은 그들의 권리를 포기하지 않았으며, 도시들로부터 연간 지불금과 군대에의 기부금을 지속적으로 강요했다.

도시를 다스리는 사람들은 무역에 유리한 환경을 조성하려 했다. 안전하고 건강한 도시는 더 많은 상인들을 유치할 수 있었고, 상인들이 수입해오는 물품에는 세금을 매길 수가 있었다. 도시를 방문하는 상인들은 숙식과 오락에 상당한 돈을 쓰고 갔다. 도시 협의체는 음식과 주류의 가격을 통제했고, 성매매 종사자들을 허가하고 감독했으며, 성문의 출입을 엄격히 단속했다. 국제적인 협약은 친족과 고향 공동체를 떠나서 먼

곳으로 출장하는 상인들을 보호하려 했다. 노르웨이의 왕인 마그누스 하콘손(Magnus Håkonsson)은 1264년에 함부르크 시에 편지를 보내 이런 설명을 했다. 몇몇 함부르크 상인들이 노르웨이에서 거래를 하다가 살인죄 혐의로 고소되었으나 12명의 맹세로 무죄를 입증해와 그들을 풀어주었다. 그러니 상인들의 여행에 아무런 지장이 없다는 얘기였다.

신성로마제국 황제들은 13세기에 레겐스부르크, 함부르크, 브레멘 같은 도시들에 제국 도시(Reichsstadt)의 지위를 부여했다. 그리하여 제국의 관리들이 더 이상 이 도시들의 행정을 담당하지 않고 행정권을 도시 협의체에 넘겼다. 그 협의체는 대체로 거대 상인들이 장악했다. 이 도시는 자치권을 부여받아, 그 성벽을 보수하고, 민병대를 유지하고, 길드와 시장을 규제하는 자율권에 대한 보답으로 상당한 금액의 연간 조공을 제국에 지불해야 되었다. 유대인들에 대한 처우 문제, 도시와 황제의 적들 사이의 정치적 동맹, 제국 국고에 기여하는 재정적 기여 등의 문제와 관련하여 제국 도시와 제국 사이에 갈등이 발생하기도 했다.

도시 중심부는 번성했고, 다변화했고, 창조성을 권장했다. 공화정부는 무엇보다도 부유한 상인들의 동참을 필요로 하는 행정망과 전략적 계획을 세웠다. 때때로 소상인들과 장인들도 행정에 가담했다. 도시 협의체의 규모는 소도시의 7~8명에서 베네치아의 수백 명에 이르기까지 다양했다. 공직에 투자된 시간은 무보수였으며, 여흥과 출장비용은 도시 정부의 예산에서 지불되었다. 도시 행정부는 도시의 부를 창출한 많은 사람들을 행정에 참여시켰으며 또 아주 부유하고 번성하는 구성원들의 이익을 보호하려 애썼다. 그러나 부유한 상인(때때로 귀족 동업자)과 길드 구성원들 사이에 대표성의 문제를 두고서 끊임없이 갈등이 있었다. 노동자와 여자들의 목소리를 공식적으로 대표하는 사람은 없었다.

도시들은 13세기에 들어와 금융 서비스가 아주 크게 늘어났다. 금융업의 왕조가 세워졌고 1300년에 이르러 유명 금융 가문들은 유럽 주요 도시들에 지점을 두었다. 그들은 부 덕분에 고향 도시에서 엄청난 영향력을 갖게 되었고, 또 해외로 널리 여행하는 동안에도 그 위세가 대단했다. 런던에만 10여 개 이탈리아 금융 가문들의 대리인들이 있었고, 이들의 자금 지원은 잉글랜드 국왕의 군사적 모험을 뒷받침했다. 상인과 은행가의 부는 이탈리아와 플랑드르 도시들의 거대한 저택에서 잘 드러났다. 친족 간의 충성심과 상인의 재능이 결부하여 엄청난 상업 가문을 만들어냈다. 이 당시의 가장 유명한 장거리 여행 상인은 베네치아 사람 마르코 폴로(Marco Polo, 1254~1324)였다. 그는 아버지 니콜로와 삼촌 마페오와 함께 중국 원나라 궁정으로 여행했다. 이런 여행은 상인 가문들이 어린 아들에게 상술의 비결을 가르치는 수련 과정이었다. 이 다소 예외적인 경우에, 그 여행은 24년간 지속되었고 마르코 폴로는 그 체험을 책으로 펴냈다.

도시 생활의 성취와 좌절은 시에나의 이야기에서 잘 포착된다. 시에나는 13세기에 포도 재배, 곡식 재배, 양 목축업 등을 하는 내륙 오지의 농촌 마을에서 금융과 상업의 중심지로 부상했다. 이어 시에나의 직물산업과 금융업이 아주 신속하게 성장했다. 양털은 모직 옷감으로 탈바꿈했고, 인근 광산에서 채광된 금속은 무기와 도구로 변모했다. 이 도시의 상인과 은행가들은 양떼를 내륙에서 연안 지역으로 이동시켜 판매하는 계절적 이동을 재정적으로 지원하고 거기서 나오는 수입을 관리했다. 1260년 시에나는 몬타페르티 전투에서 피렌체와 그 동맹들을 누르고 승리하고 자치행정의 시대로 들어갔는데 이것은 순전히 경제적 성장 덕분이었다. 시에나 사람들은 대성당—두오모—
을 확대 재건했으며, 시청—팔라초 푸블리코—을 지
었고, 종교적 성화들로 그들의 도시를 장식했다.

시에나는 북유럽과 로마를 이어주는 도로(via francigena)
에 위치해 있다. 시에나의 사업체와 산타 마리아 델라
스칼라(이것은 아직도 대성당 맞은편에 있다) 같은 자선기관
은 북유럽에서 내려오는 여행자들을 먹이고 재우고 보
살폈다. 두오모는 원래 현지 성인인 안사누스, 사비누
스, 크레스켄티우스, 빅토르 등에게 바쳐진 교회였으
나, 12세기에 들어와 성인들 중에서 가장 사랑받는 성
모 마리아에게 다시 헌정되었다.

시에나의 화가들은 그 뚜렷한 스타일로 널리 존경을
받았는데 특히 13세기 후반부터 그런 경향이 두드려
졌다. 두초 디 부오닌세냐(Duccio di Buoninsegna, 1319 사망)
같은 사람들은 수세기 동안 비잔틴 그림에 노출된 회
화의 전통(황금의 배경, 슬퍼하면서 움직이지 않은 마돈나, 무서운
십자가 등)을 다시 세련되게 가다듬었다. 두초는 시에나
의 도시적 종교에 호응하고, 또 프란체스코 수도사들
의 정서적 헌신을 강조하는 스타일을 창조했다. 이것
은 뚜렷한 토스카나 전통으로 확립되었다.

이 시기에 집단 유대감과 경쟁 심리의 적절한 혼합

이 시에나의 도시생활에 활기를 불어넣었다. 일 년 내내 이 도시의 이웃들은 8월의 성모 승천 축일에 대비하여 전 도시적인 경마 행사(polio)를 준비했다. 도시의 주 통행로 좌우에 늘어선 거대한 궁궐 같은 저택들은 사라체니(Saraceni), 피콜로미니(Piccolomini), 키지(Chigi) 같은 부유한 가문들의 집이었다. 각 가문은 전 유럽을 상대로 사업을 펼쳤으나 친족과 후원의 연결망과 여러 번의 전시회를 통하여 그들 고향 도시의 정체성을 강조했다. 9명으로 구성된 도시 협의체가 근 1세기 동안 도시를 다스렸다. 협의체는 1년에 한 번씩 화려한 공식 문서로써 결산을 보았고 때때로 그 지역의 수도자들을 초빙하여 회계 감사로 임명했다.

시에나의 공적 공간들은 설교가 도시 생활에 어떤 영향을 미쳤는지 살펴보게 한다. 시에나의 성벽과 출입문에는 아직도 IHS(Ihesus: 예수)라는 상징이 새겨져 있다. 이 상징은 설교자 시에나의 베르나르디노(Bernardino, 1380~1444)가 고안한 것인데, 우리는 이 설교자의 불같은 설교를 앞에서 만나본 적이 있다. 이것은 성인들이 아니라 예수에게 바쳐진 신앙의 이미지이다. 베르나르디노는 도시의 협의체에 의해 고용되어 그 도시의 큰 부자들에게 도덕의 개혁을 설교하라는

중세

임무를 부여받았다. 그는 냉소, 유머, 무서운 이미지 등을 사용하면서 도박, 잔치 벌이기, 신부에 대한 지나친 지참금 요구, 동성애, 마술 등을 맹비난했다. 그의 설교단은 오늘날에도 볼 수가 있다. 뜨거운 태양 아래에 놓인 하얀 대리석인데, 설교단은 그 사람이나 메시지처럼 여전히 뜨겁다.

연합, 길드, '공화국들'

시에나의 사례가 보여주듯이, 도시들에서는 정치적·사회적 연합의 서로 경쟁하는 형태들이 생겨났다. 부자와 가난한 자 사이의 격차는 엄청났지만 그래도 도시는 상당한 협력을 이루었다. 이러한 협력은 상품 제조와 사회적 관계의 과정에서 요구되는 것이었다. 옷감 생산은 순서적으로 다양한 서로 다른 기술들이 참여해야 되었다. 이웃들은 서로 협력하여 그들의 삶의 질을 향상시켰고, 또 생명과 신체의 안전을 보장했다. 이처럼 교회와 도시 성벽의 유지, 이런 노력들을 지원하기 위한 세금 징수 등에서 공동 책임을 졌다는 사실은, 도시 생활에서 많은 협력, 조사, 논의가 필수적이라는 뜻이었다.

왕권과 지주 엘리트들의 귀족 문화가 뒷받침하는 사회적 위계질서와 함께, 또 다른 단체 혹은 협의체 성격의 전통이 생겨났는데 때때로 공화정(repulican)이라고 불렸다. 자유를 신봉하고, 공적 논의의 전통을 지키며, 로마법을 따르는 등 고대 로마의 실천 모델이 이런 공화정을 촉진시켰다. 우니베르시타스(universitas)—여기서 대학교(university)라는 말이 나왔다—는 공통의 목표를 가진 개인들의 결사체를 가리키는 말이었다.

결사체는 동일한 목소리로 말하는 여러 명의 구성원들로 구성되었다. 좋은 사례가 도시의 장인 혹은 상인들이 그들의 경제적·정치적 목적을 추진하기 위해 결합한 직인 길드(craft guild)이다. 그들은 길드로 활동함으로써 원재료—직인은 양털, 목수는 나무, 푸주한은 가축—구입에 좋은 가격으로 협상하고, 그들에게 유리한 정책에 대하여 시 협의회의 지원을 이끌어내고, 상품이나 제품의 가격을 사전 합의할 수 있었다. 길드는 또한 견습 기간의 연한(年限)과 성격 등 구성원의 기준을 설정하고, 또 각 구성원의 작업 품질에 대하여 감독을 했다. 길드 구성원들은 서로 간에 비밀과 충성의 맹세를 했다.

장인이나 상인인 개인은 이런 결사체의 구성원이 됨

으로써 더 큰 힘을 얻었지만 동시에 그 규칙을 준수하고, 회비를 내야 하고, 길드가 결정한—혹은 고정시킨—가격을 존중해야 되었다. 길드의 구성원과 그 가족은 복잡한 의례를 지켜야 하고, 그 길드 소속의 장인들이 들어와 생겨난 동네도 그런 의례를 따라야 했다. 많은 유럽의 거리들이 아직도 길드 이름을 따르고 있다. 가령 rue des forgeurs(대장장이의 거리), via del Calzaiuoli(신발장수의 거리) 등은 이 거리에서 관련 장인들이 사회적·종교적·직업적으로 협력하면서 살아갔다는 것을 보여준다. 길드 구성원들은 통상 동료 장인들과 통혼했으며 이렇게 하여 그 직업의 연속성과 혜택이 가문 내에서 계속 이어지게 했다. 길드의 수호 성인—칠쟁이를 위한 성 루가, 빵장수를 위한 성 오노레, 금 세공사를 위한 성 엘리기우스— 축일은 길드가 돈을 내어 지은 혹은 길드를 위해 지어진 예배당에서 기념되었다. 이런 행사 때에는 종교적 예식과 사회적 야망이 하나로 합치되었고, 길드 구성원의 장례식 때와 마찬가지로, 길드의 모든 사람이 참석했다. 길드는 도시 생활에 필수적이었고, 또 길드 구성원들이 도시 재정에 기여하는 것이 아주 중요했다. 그리하여 많은 도시에서 길드가 정치적 대표 선발의 기반이 되었고, 또 각 길드에서 파견된 자가 시 협의회를 구성했다.

결사체의 모델은 다양한 목적에 봉사했다. 사넨(현대의 베른 캔톤)이라는 알프스 계곡의 주민들은 14세기에 단체를 결성하여 도시 자치를 협상으로 얻어냈고 그 후 수십 년 동안 단체로 그들의 일을 주관했다. 1390년 루체른 호반의 게르사우에서 생겨난 자그마한 공화국은 남자 가부장들과의 협의를 통하여 도시의 일들을 처리했다. 이런 도시 현지의 결사체 이외에, 정치적 단체들이 반대한 지역에 대하여 이해사항을 공유했고, 그리하여 리가(Liga)라는 이름이 붙은 연합을 창설했다. 가령 신성 로마 황제와 그 동맹들에 정치적·군사적으로 대항할 목적으로 이탈리아 도시들은 롬바르드 리그(Lombard League)를 결성했다. 이 리그는 1167년 북부 도시들의 연합으로 생겨났고 나중에 베로나, 비첸차, 브레스키아, 밀라노, 볼로냐, 베르첼리 등 중부 이탈리아의 도시들도 포함시켰다. 이런 리그의 전례는 1990년대에 이탈리아의 북부 리그 당(黨)에 영감을 주었고, 이 당은 이탈리아 연방 내에서 지역 자율권을 추구했다.

신성로마제국의 다른 곳에서도 연합체는 도시와 귀족 생활권의 특징을 이루었다. 1331년에는 슈바벤 리

그 같은 도시들의 리그가 황제로부터 자치권을 부여
받은 연합으로 발족했고, 황제의 적들에게 맞서는 대
항세력이 되었다. 아우구스부르크, 울름, 하일브론 같
은 도시들은 연합하여 집단으로 군대를 모집하고, 또
협상을 했다. 이런 합동 작업을 하려면 활동적인 관료
조직이 있어야 했다. 이 조직은 도시의 주민들로부터
세금을 거두고, 또 회원 도시들을 위하여 외교를 수행
하여 심지어 전쟁을 선포하기도 했다. 1307년경에 스
위스 도시들—가령 베른, 프리부르그, 루체른 등—은
농촌 정체(政體)들과 연합하여 스위스 캔턴 연합을 구
성했는데 이 조직은 15세기까지 계속 성장했다.

　유럽 북부 지역은 연합체의 아이디어가 좀 뒤늦게
정착했다. 강력한 상인 연합은 북유럽과 발트 해 지역
의 도시들을 한데 묶어 한자(Hansa)동맹을 발족했다.
이것은 처음에는 상인들의 연합으로 시작했다. 1356
년부터 수백 개 도시들의 리그(동맹)로 성장했고, 뤼벡,
비스비, 베르겐, 홀 같은 주요 항구 도시들이 주도했으
나, 독일과 플랑드르 내륙의 하항(河港) 도시들도 포함
했다. 한자동맹은 그 회원 도시들의 한자 상인들에게
똑같은 권리를 부여했다. 동맹은 군대를 모병했고 군
주들에게—가령 1370년에 덴마크 왕에게—한자 상인

들의 자유로운 통행을 허용하라고 압박을 넣어 성사시켰다. 14세기 후반에 한자동맹은 해적들을 제압하기 위한 해사(海事) 업무에도 투자를 했고 잉글랜드 왕을 상대로 효율적으로 협상하여 특혜를 얻어냈다. 이런 식으로 연합한 도시들의 상인은 13세기에는 주로 북쪽의 원재료—모피, 목재, 원광석, 호박, 호밀—을 거래했으나, 곧 다양한 범위의 금융 서비스를 개시했고, 또 사치품의 생산에도 박차를 가했다.

이러한 사회적·정치적 생활 양식은 연합체의 성격을 띠었으며, 그 연합체가 존재하는 왕국의 왕권으로부터 자유로웠다. 상인들은 한자동맹의 활동 영역 내에서는 자유롭게 돌아다녔다. 리가의 상인은 브뤼헤스에 가서 거주하면서 사업을 하여 번영할 수가 있었고, 뤼벡의 상인은 베르겐에 가서 집을 사서 가정을 부양하면서 뤼벡의 가족들과 긴밀한 사업관계를 유지할 수 있었다. 이것은 또한 문화 지역이기도 했다. 베르겐가 탈린(레발)의 교구민들은 브뤼헤스와 뤼벡의 화가들이 제작한 제단 장식 그림 앞에서 예배를 올렸다. 한자동맹은 그 활동영역 내에서 자유롭게 거래할 수 있는 자유를 강조했고 동맹 일을 보는 관리들을 가리켜 로마 공화정의 최고위 직함인 집정관(consul)으로 불렀다. 토마스 만의 걸작 장편소설 『부덴부로크 가문 *Buddenbrooks*』(1901)은 한자동맹의 사회적·경제적 체제의 오래된 열망과 그 유산을 잘 묘사하고 있다.

이러한 수평적 연합체의 유형은 유럽의 다른 지역들에서도 분명하게 자리 잡았다. 통치자들은 이런 연맹을 때때로 추진했으나—가령 슈바벤 동맹의 경우— 다른 때에는 그 동맹을 두려워하고 억압했다. 1388년 잉글랜드 왕 리처드 2세는 왕국 내의 모든 연합체를 조사하라고 지시했다. 왕은 이들이 과세를 피해나간 부의 도피처라고 보았고, 또 은밀히 정부 전복적인 활동을 꾸미고 있다고 생각했다. 1년 뒤 왕실법원에 접수된 보고서는 엄청나게 많은 건수를 보고했고—부분적인 조사만으로도 600건이 넘었다— 대부분 종교적·시민적 목적을 가진 결사체였다.

종교적 체험을 더욱 강렬하게 하고 싶은 평신도들은 콘프레리(confreries), 헤르만다드(hermandades), 부르더샤프텐(Bruderschaften) 등 형제회로 알려진 종교 단체에 가입했다. 그들은 결사체로서 집단적으로 행동했다. 그들은 회비를 거두었고, 임원을 선출했고, 충성과 비밀의 맹세를 했으며, 죽은 사람들의 영혼을 위해 기도해줄 목사를 고용했고, 설교자를 초빙했으며, 또 그들이

사용할 놀이와 찬송가를 제작하게 했고, 또 그들의 예
배당의 제단 뒤 그림을 화가들에게 위촉하여 제작했
다. 이런 조치를 취한 임원들은 재산이나 기질이 서로
비슷한 믿을 수 있는 다른 회원들도 이런 활동에 동참
하기를 바랐다. 이 결사체들은 충성의 유대와 그들 사
이의 친목을 위해 때때로 친족의 언어를 사용하기도
했다.

　유럽의 전통에서 연합의 습관은 아주 강력하다. 그
것은 모든 계층의 사람들에 의하여 안전과 효율의 호
혜적 방식으로 선택되었다. 그러니까 많은 목소리로
이루어진 하나의 목소리인 것이다. 그리하여 귀족들
은 엘리트 기사단을 결성했다. 가령 1326년에 헝가리
의 찰스 1세가 창립한 성 조지 기사단, 1348년에 에드
워드 3세가 창설한 가터 기사단 등이 좋은 예이다. 또
십자군이나 순례 모임 같은 특정 목적을 위해 결성된
비공식 연합도 있었다. 제프리 초서는 캔터베리로 떠
나는 혼성 순례자 집단을 묘사했을 때, 바로 이런 한시
적인 형제회를 염두에 두었다.

제3장

기독교의 구원

———

    팔레스타인의 주데아에서 생겨난 유대교의 한 지파
인 종교가 여러 세기 동안 이름조차 없다가, 14세기에
이르러 마침내 거대하면서도 결정적인 세력으로 등장
했다. 바로 기독교이다. 기독교인들은 로마제국 전역
에 널리 알려져 있었는데, 그 주된 이유는 디오클레티
아누스(Diocletian, 245~311)와 율리아누스(Julian, 330~363)
황제 밑에서 엄청나면서도 가혹한 박해를 받았기 때문
이다. 그러나 콘스탄티누스 황제(Constantine, 272경~337)
는 기독교를 적법한 종교로 만들었고, 그 교리는 그가
주재한 종교회의에서 공적으로 논의되었다. 4세기 말
에 이르러 기독교는 로마제국의 공식적인 종교가 되어

황제 컬트를 대체했다.

기독교는 신자 공동체 내의 사람들에게 개인적인 구원으로 가는 길을 제공한다. 하느님이 인간 예수로 성육신하여 온 세상에 구원의 은총을 가져다주었기 때문이다. 1~3세기에 기독교 공동체는 지중해의 도시들을 중심으로 생겨났다. 먼저 사도들이 건설하고, 주교들이 이끌고, 사제와 부제들이 예식 생활을 인도했다. 기독교는 근동, 북아프리카, 유럽의 많은 지역에 퍼져나갔는데 그 메시지는 어디서나 공통적이었다.

기독교의 구원

골, 북아프리카, 스페인, 이탈리아에서 공직과 그 보수를 위해 고전 교과를 교육받은 엘리트 남자들은 기독교 유럽의 지도자가 되었다. 이러한 남자들―그리고 가정의 범위 내에서의 여자들―은 그들 주위의 정치적 질서가 크게 변하기 시작하자 무더기로 기독교를 포용했다. 여러 세기 동안 로마제국은 바바리언 민족 및 그 지도자들과 영토를 공유해왔다. 제국의 방어가 점점 더 이 바바리언 지도자들에게 넘어가면서, 로마의 엘리트들은 무더기로 기독교적 리더십을 받아들이게 되었다. 군인-성자인 성 마르틴 혹은 성 게르마누스. 주교-성자인 앰브로스(Ambrose, 340경~397) 그리고 후대의 성 아우구스티누스는 이 세상에서 모범이 되는 기독교인의 삶을 제시한다. 원로원 가문들은 주교와 공직 인사들을 제공했다. 보에티우스(Boethius, 480경~524)와 카시오도루스(Cassiodorus, 485경~585경) 같은 사람들은 새 통치자가 가져오는 정치적 변화를 잘 알았고 그것으로 세상을 변화시켰다. 그들은 공직에 봉사함으로써—공직은 그들 정도의 높은 지위를 가진 사람들이 전통적으로 맡는 직업이었다— 기독교의 윤리와 로마법을 옹호하려 했다.

주교들은 이제 과거에 제국 행정관들이 징수했던 세금을 거두어들였다. 그 돈으로 그들은 공격에 대비하여 도시의 축성을 강화하고, 물과 곡식의 공급이 안정적으로 이루어지게 하고, 점점 커지는 공동체를 위하여 교회를 짓고, 이교도적 예배의 흔적을 일소하고, 자선 기관을 설립하고, 어려움에 빠진 그들의 양떼를 위로했다. 메츠의 빌리쿠스 주교(Vilicus, 재위 542~568)는 곡식을 사전에 비축하고, 또 공격에 대비하여 축성을 잘한 것으로 널리 칭송을 받았다. 585년의 종교회의는 주교들에게 개를 기르지 말라고 지시했다. 개들이 가

제3장 기독교의 구원

113

난한 자들의 접근을 막아서 그들이 굶어죽을 수 있었기 때문이다. 주교들은 주교좌 성당에서 혹은 그 뒤에 모든 도시들에 들어선 세례소에서 의식을 집전하고 믿음을 강론함으로써 기독교인들의 열망을 지원했다.

고전 학문이 이교도 세계에서도 널리 활용되었다. 고전 시는 신들과 여신들을 칭송했고, 고전 법은 신 같은 황제를 국가 원수로 상상했고, 고전 철학은 기독교 도덕과는 크게 배치되는 완성으로 가는 길을 제시했다. 300년과 600년 사이에 그 고전적 전통을 '기독교화'하는 과정이 진행되었다. 스페인에는 법률가, 지방 주지사이면서 기독교 시인인 프루덴티우스(Prudentius, 348~413)가 있었다. 그는 탁월한 문학과 수사학 지식─법률을 전공한 로마인에게 필요한 것─을 기독교적 목적에 적용했다. 순교자들을 칭송하는 시를 짓고, 죄악의 심리를 논하는 윤리적 토론을 벌이고, 아직도 이교도의 정서를 옹호하려는 사람들에 대항하여 논쟁을 벌였다. 그와 동시대인인 성 아우구스티누스는 410년 서고트족에 의해 로마가 점령된 직후에 집필한 『하느님의 도시 *The City of God against the Pagans*』에서 프루덴티우스보다 좀 더 규모가 큰 변모를 시도했다. 역사와 신학을 다룬 이 저서에서 아우구스티누스는 로마의 과거를 명상하면서 이교도적 세계관을 비판했다. 그는 또한 기독교의 윤리적 핵심도 제시했다. 죄 많은 인간은 이 윤리를 지킴으로써 하느님의 도시에 들어가기를 기약해야 한다는 것이다. 아우구스티누스의 저서는 그 후 여러 세기에 걸쳐 신학적, 정치적 분야의 기본이 되었다. 이 책에서 제시된 개념들은 고대 후기의 철학, 문법, 수사학, 시학 등에서 가져온 것이다.

이러한 기독교의 지도자들은 기독교가 새로운 사람들에게 퍼져나가는 동안 그들의 지식과 사회적 영향력을 활용하여 기독교의 위상을 높이고 칭송하려 했다. 시인 베난시우스 포르투나투스(Venantius Fortunatus, 530경~609)는 좋은 사례이다. 그는 북부 이탈리아의 명문가에서 태어나 동고트족의 수도인 라벤나에서 교육을 받았고, 이어 북부로 가서 프랑크족 궁정의 공식 문사(文士)가 되었다. 그는 오비디우스와 베르길리우스의 시를 바탕으로 하여 시를 썼는데, 주로 기독교를 믿는 군주, 카리스마가 넘치는 여수도원장, 독실한 처녀 등을 칭송하는 내용이었다. 이런 노력을 통하여 기독교 문화는 교회의 영역 밖으로 퍼져나가 특권층 세속 인사들을 끌어들였다. 포르투나투스는 왕족들의 결혼식을 축하하고 성인들의 기념을 찬송하는 시들을 지었다. 그는 공주였다가 나중에 푸아티에의 성 십자가 여수도원장이 된 라데군드 등 성인들의 전기도 저술했다. 이런 성인전은 기독교 문학의 새로운 장르였다.

도시들은 성인과 순교자들을 숭배했다. 그중에는 비엔나의 페레올루스, 아를의 심프로니우스 등 기독교 박해 중에도 도시에 기독교를 전파한 순교자들도 있다. 성 제노베파(Saint Genovefa, 419경~512경) —나중에 프랑스어로 주네비에브로 알려진 성인—는 파리 근교에 영지를 소유한 부유한 부모의 딸이었다. 그녀는 이미 어릴 적부터 신앙심이 두터웠으며, 파리에 있는 집에서 경건한 생활을 했다. 또 451년 훈족으로부터 공격을 당하고 있던 파리 사람들을 격려했다. 누구나 그녀의 말에 순종하고 그녀를 존경했으며 또 사후에는 성자로 숭배되었다.

아일랜드의 강인하면서도 유연한 기독교 문화는 이 시기에 여러 명의 유능한 지도자를 배출했다. 최근에 개종한 부르군트로 파견된 성 콜룸바누스(St Columbanus, 543~615)는 그의 추종자들과 함께 부르군트 궁정의 지원을 받아 요새(Luxeuil 혹은 Luxovlum)의 폐허에 정착했다. 여기에서 종교적 생활의 일정한 패턴이 생겨나서 나중에 다른 공동체로 전파되었다. 이것은 평신도 후원자와 열성적 선교사의 합작품이다. 이것은 농촌의 환경에 기독교적 삶을 이식한 것이었고, 그 효과는 인근 지역에 두루 퍼졌다.

로마 세계와 별 접촉이 없었던 곳에다 기독교를 전파하는 사업은 아주 힘든 일이었다. 기독교 예식의 위력이 참되고 효과적이라는 것을 새롭게 증명해야 되었다. 다른 모든 종교와 마찬가지로 그 위력은 죽은 자와의 대화를 가능하게 하고, 또 사회적 관계를 지원하는 것이어야 했다. 헌신적인 엘리트 선교사들―종종 수도원 출신―은 기독교적 생활이 활짝 꽃피어난 도심을 떠나 이교도들과 만나는 지역으로 떠났다. 「성 바르바투스의 삶*The Life of St Barbatus*」은 그가 663년에 베네벤토의 롬바르드족을 개종시킨 과정을 서술한다. 그는 이교도들이 예식을 올리던 나무를 베어버리고, 그 뿌리를 캐내서 가루로 만들어버렸다. 이렇게 하여 바르바투스의 위력―또는 나무의 무능―이 증명되자, 그는 새롭게 기독교로 개종한 사람들에 의해 베네벤토의 주교로 선출되었다. 또 성 보니파스는 웨섹스에서 위트레히트로 여행하여 그곳의 프리지아인들 사이에서 선교사 윌리브로르드와 함께 일했다. 두 번째 선교 여행을 떠날 때 그는 로마를 방문하여 그 선교사업에 대한 교황의 축복을 받았고, 이어 프랑크 왕국의 변경지인 북부 헤세의 색슨족을 상대로 선교 활동을 펼쳤다. 그의 생애를 담은 전기는 색슨족의 신성한 상징인 거대한 참나무와 성인이 대결한 일을 기록했다. 성인이 그 참나무를 베어버려도 아무런 일이 벌어지지 않았고, 나중에 그 자리인 프리츨라에는 수도원이 건립되었다. 많은 선교사들과 마찬가지로 그는 프리지아로 떠난 마지막 여행에서 선교 대상자들의 손에 죽음을 맞이했다. 1168년 십자군들은 발트 해 반도의 뤼겐 섬에 있는 아르코나 신전을 공격하여 현지신(現地神) 스반테비트의 목상(木像)을 끌어내려 조각조각 잘라서 그 나무 조각을 저녁 식사용 땔감으로 삼았다. 혹은 그렇게 했다는 말이 전해진다….

　스노리 스투를루손의 『하임스크링글라Heimskringla』 (1230년경)는 노스 왕들의 행적을 기술한 영웅담인데 어떻게 올라프 왕(Olaf, 960년경~1000년)이 기독교를 받아들였는지 설명하고 있다. 이교도이던 올라프는 스킬리 제도에 살던 예언자를 방문하고서 그 자신의 운명에 대해서 듣게 된다. 그것은 가능한 한 많은 사람들에게 세례를 주어 참다운 종교로 인도하는 것이었다. 이 이야기는 올라프를 노르웨이와 아이슬란드의 전도사

왕으로 변모시키는 은총 넘치는 신의 개입이라는 전통을 잘 포착한다. 자신의 지도력과 용기를 자랑스럽게 여기는 올라프 같은 통치자들에게 기독교는 승리를 거둔 종교였다. 그 신자들을 지상에서의 승리뿐만 아니라 죽음에 대해서도 승리를 거두게 했다. 그리하여 말씀과 이미지로 표상된 그리스도의 모습은 승리와 장엄함으로 가득한 것이었다. 또 어떤 때는 기독교의 물질적 문화와 전례들이 그들에게 깊은 인상을 주거나 압도했다. 1205년경에 리브족을 교육시키기 위해 공연된 성경의 장면이 너무나 생생하여, 그들은 그 장면 속의 폭력이 마치 자신들을 향한 것인 줄 착각하고 도망쳤다.

이처럼 기독교를 전파하려는 노력이 동부와 북부에서 계속되고 있을 때, 기독교가 잘 확립된 지역의 통치자 궁정에서는 유럽 엘리트들에게 엄청난 영향을 미치는 종교 문화가 발달하고 있었다. 841년에서 843년 사이에 프랑크족의 귀족 부인인 두오다는 서부 프랑키아의 왕궁에 소환되어간 그녀의 아들 윌리엄을 위하여 지침서를 집필했다. 이 저작은 자상하고 근심 많은 어머니가 아들에게 주는 사랑의 책이지만 동시에 9세기의 귀족들에게 찬송가가 얼마나 중요했는지를 잘 보여

준다. 찬송가를 수백 군데 인용하면서 또 아우구스티
누스의 저작을 참조하면서 두오다는 아들이 잠자리에
들 때 그의 안전을 위하여 꼭 기도를 올리라고 다정하
게 조언한다. 두오다의 저작은 독서가 감수성과 민감
한 정서를 개발시켜준다는 것도 보여준다. 이러한 기
술과 통찰은 모자간에만 통하는 것이 아니라, 법원의
판사나, 신자들을 돌보는 사제에게나 모두 유익한 것
이다. 이보다 1세기 뒤에 저지 작센의 간더스하임에 있
는 여수도원에서 호로츠위타(Hrotswitha, 935~1002경)는
로마 극작가 테렌티우스 풍의 코미디, 희곡, 많은 기독
교 순교자들(특히 여성들)에 대한 글을 집필했다. 귀족 여
성들이 들어가는 여수도원에서 그녀는 훌륭한 라틴어
를 익혔고, 또 호메로스가 『일리아드*Iliad*』에 사용한 운
율을 사용하여 시를 지었다. 유럽의 기독교 문화는 아
주 광범위하게 퍼져 있어서 작센의 호로츠위타와 그녀
의 여동생들은 850년대에 무슬림이 장악한 스페인의
코르도바에서 순교한 기독교인들에 대하여 잘 알고서
또 깊은 애도를 표시했다. 그녀는 이들에게 바치는 시
를 한 편 썼다.

중세

수도원의 사상과 실천

    중세 사람들은 개인적 고행을 통하여 구제를 추구하고, 또 번잡한 일상생활을 벗어난 종교적 공동체에서 죄악과 싸우고 싶어 했다. 이러한 욕망으로 사람들은 엄청난 고행과 고립된 삶을 추구하게 되었다. 이것은 콜롬바누스의 생애에서 잘 드러난다. 수도원 내에서의 종교적 생활 규칙은 6세기에 수도자 누르시아의 베네딕트(Benedict, 480년경~547년경)에 의해 제정되었다. 움브리아 지주 계급의 아들로 태어난 베네딕트는 교육을 마친 후 고독 속의 종교적 수행을 떠났고, 그리하여 수비아코 주위의 산속에서 여러 해를 살았다. 그는 이 지역의 종교적 공동체들을 창설하고 인도했으며 529년부터는 몬테 카시노에서 그 자신의 수도원을 경영하면서 그가 작성한 생활 규칙을 철저히 준수했다. 그의 규칙은 기독교적 완성의 모범이 되었고, 이 수도원의 지속적인 생활 방식은 곧 유럽 전역의 수백 개 수도원들에서 따르게 되었다.

    베네딕트는 전에 해보았던 집단적 종교 생활의 체험에서 영감을 받았다. 그는 지속가능한 공동체를 위해서 균형 잡힌 생활 방식을 영위하라고 추천한다. 수도원 생활의 핵심은 단체 환경 속에서 이루어지는 개인의 분투 노력이다. 공동생활이라는 것은 개인이 그 어떤 개인적 부(富)나 물건을 소유해서는 안 되고, 금욕적 수행도 검사를 받아야 한다는 뜻이다. 수도원의 꼭대기에는 선출된 정신적 지도자인 수도원장이 있다. 다른 모든 아버지들과 마찬가지로 그는 수도자들을 지도하고 단련시키고 징계한다. 하느님의 일(opus dei)은 지속적인 기도와 집단적인 예배 속에서 이루어진다. 그러나 지하실이나 정원에서 해야 할 신체 노동도 있었다. 그렇게 해야 구성원들의 식사를 준비할 수 있다. 아픈 수도자는 간호를 해주었고 무엇보다도 수도자는 게으름을 피워서는 안 되었다.

베네딕트 수도원의 생활은 농지에서 나온 생산물과 소득으로 뒷받침이 되었고, 또 창설자나 후원자가 영구 선물로 내놓은 후원금도 한몫을 했다. 수도원에서 기적적으로 병이 나은 사람들은 그 고마움을 표시하기 위해 재정적 기증을 해옴으로써 수도원의 재산을 늘려주었다. 귀족부인 릭부르기스는 785년 니벨의 성 거트루드 수도원을 방문하고서 병이 나았다. 그녀는 보답으로 이 수도원에 12개의 영지와 거기에 딸린 농노들, 그리고 그녀 자신이 후원한 교회를 기증했다. 가

중세

난한 사람들은 다른 방식으로 고마움을 표시했다. 소년 순교자인 노리치의 윌리엄은 1150년대에 수도원에서 병을 고쳤다. 그러자 서퍽의 워덤 마을에서 온 이 10세 소년은 앞으로 평생 동안 노리치 대성당 소속 소(小) 수도원에서 봉사하겠다고 맹세했다.

수도원을 경영하려면 수도자들은 외부 세계와 접촉해야 되었다. 농토의 노동력, 생산품의 마케팅, 후원자들에 대한 접대, 현지 주교들과의 상호작용, 성인들의 사당을 모신 수도원에 방문하는 순례자들의 접대 등이 그런 일이었다. 이러한 일들은 각 담당 분야를 맡은 노련한 수도자들에게 분배되었고 법적이고 상업적인 일을 관리하기 위해서는 평신도들을 동원했다. 수도원이 세속적인 활동과 관심사에 개입한다는 것은 곧 상시적인 긴장을 의미했다. 그리하여 담당 수도자는 수도원 생활의 기본 원칙인 장소의 평온함(stabilitas loci)을 포기해야 되었다.

이러한 어려움은 여수도원의 경우 더욱 가중되었다. 수녀들은 농사일, 시장 보기, 법정 관련 일뿐만 아니라 성무와 성사 집행 등도 모두 남자들에게 의존했다. 수도원의 지도자들이 수녀들에게 사목(司牧)상의 지도를 해주었다. 아를의 카이사리우스(Caesarius, 468경~542)는

512년에 자신의 여동생이 지도하던 수녀들을 위해 생활 규칙을 짜주었다. 그것은 철저한 칩거를 강조하는 내용이었다. 수도사들과는 다르게, 수녀들은 고위 교회 인사들을 접대해서는 안 되고 다른 수녀들하고만 식사를 해야 되었다. 수도자 풀다의 루돌프는 836년에 『성 레오바의 생애*The Life of St Leoba*』라는 성인전을 저술하여 작센의 수녀인 하투모다(Hathumoda, 840~874)에게 한 부를 보내어 그녀가 "즐겁게 읽고서 또 모방의 대상으로 삼도록" 했다. 어떤 곳들에서는 남녀 수도원이 나란히 건립되었다. 뤽쇠유의 콜롬바누스와 킬다레의 브리지트(Brigit of Kildare, 451경~525)는 이런 남녀 공동체를 건립했다. 골 지방으로부터 영감을 받아 앵글로-색슨족도 유사한 실험을 했다. 위트비의 성 힐다와 엘리의 성 에델드레다도 남자 수도원 바로 옆에 있는 여수도원을 세웠다. 이런 건립 공사에는 왕족이거나 귀족인 고위직 여성들이 개입했고, 그들의 권위와 카리스마 덕분에 이런 여수도원 내에서 지도자 역할을 할 수 있었다. 그러나 남녀 수도원의 전통은 장기적으로 지속되지 못했다. 물론 여러 세기가 흘러가는 동안에 산발적으로 샘프링엄의 성 길버트(St Gilbert, 1083경~1190) 또는 스웨덴의 브리젯(Bridget, 1303~1373) 등이 남녀 수도원을 지지하기는 했지만 별 영향력을 미치지는 못했다. 권력 남용에 대한 불평이 자꾸 터져 나와 주교와 교황들은 시토 수도회, 프란체스코 수도회, 도미니크 수도회 등 같은 종단 내에서도 남녀에 대해서는 서로 다른 길을 확립했다. 평균적으로 보아 여자 수도원은 관대한 후원을 받지 못했다. 그래서 여수도원은 보통 규모가 작았고 경제적으로도 취약했다.

베네딕트 규칙은 거의 모든 세기에 개혁 이니셔티브의 바탕이 되었다. 910년 아퀴텐 공인 윌리엄은 부르군트의 클뤼니 수도원의 첫 수도원장인 베르노에게 일부 삼림(森林)을 하사했다. 여기서 종교적 '종단'이 생겨났고, 어머니 집의 지도를 받는 딸 같은 존재가 되었다. 그 메시지는 끊임없이 치열한 기도를 올리고 교황을 제외한 그 누구에게도 감독을 받지 않는다는 것이었다. 이 수도원은 화려함을 자랑하는 건축물이었다. 건물 기둥에는 조각이 장식되었고, 성무를 집전하는 그릇들도 호화로웠고, 성가도 정교했다. 클뤼니 수도원은 귀족과 왕족 후원자들을 끌어들였고, 또 신분 높은 사람들이 수도자로 들어왔다.

11세기 말에 또 다른 개혁 시도가 있었다. 한 무리의 수도자들이 몰레스메의 성 로베르토(St Robert, 1029경

~1111)—샹파뉴의 기사 계급 출신— 주위에 모여서 부르군트의 시토에서 아주 엄격한 수도원 생활을 하기로 한 것이다. 그들의 이상은 끊임없는 기도가 아니라 끊임없는 노동이었다. 척박한 환경이나 변경을 골라서 정착한 시토 수도자들은 세속에서 도피하기 위해 일부러 황무지를 찾아갔다. 이러한 격리와 노동에 대한 추구는 그 당시의 경제 성장 추세와 일치하는 것이었다. 사람들이 살지 않는 땅을 개간하고, 빠르게 늘어나는 인구를 먹이기 위해 집중적인 농업 형태를 개발할 필요가 있었다. 시토 수도원들은 담당 수도자와 평신도들의 노동으로 번영하는 농장을 일궈냈다. 수도원은 요크셔, 토스카나, 웨일스, 보헤미아, 포메라니아 등지에서 오는 평신도들을 환영했다. 농장을 일구어 부를 창출하자 수도원은 좋은 도서관을 짓고, 잘 설계되고 건축된 건물들을 세웠다. 라틴어를 모르는 평신도들을 수도자-노동자(conversi)로 받아들인 창의적인 인력 동원 방침으로 인해, 시토 수도원은 12세기와 13세기에 아주 인기가 있었다.

시토 운동의 지도자들—이 수도원들은 긴밀하게 연결되어 있어서 결국 종단이 되었다—은 기존 수도원에서 일부 소그룹을 선발하여 새로운 수도원을 창설하게 함으로써 모든 소속 수도원의 균일성과 엄격함을 유지했다. 그리하여 요크셔의 파운틴스에서 수도하던 일부 시토 수도자들이 1146년에 베르겐 근처의 리세에다 노르웨이 지부 수도원을 세웠다. 그러나 각 수도원은 현지의 종교적 스타일과 격려에 적응해야 되었다. 잉글랜드의 시토 수도자들은 1170년대에 새로운 성인 토마스 베케트의 축제를 채택한 첫 번째 집단이 되었고, 포메라니아의 콜바츠 수도자들은 그 지역의 수호성인인 성 오토에게 예배당을 바쳤고, 스코틀랜드의 멜로즈 수도원은 성 브라이드에게 예배당을 봉헌했다. 친족의 연결망도 인력 동원에 영향을 미쳤다. 13세기 초 덴마크의 뢰굼 수도원의 칸토르(합창단장)는 자신의 남동생이 재속(평신도) 수도자들 중 한 사람이었다. 장식 없는 교회와 간단한 찬송가를 특징으로 하는 시토 수도원은 곧 수백 개를 헤아리게 되었다. 가장 유명한 시토 사상가는 클레르보의 베르나르(Bernard, 1090~1153)인데 신비주의자 겸 신학자 겸 논쟁가였다. 그는 초창기 시토 생활의 엄격함을 유지하면서 다른 수도원들의 화려한 예술 작품들을 맹비난했다. 수도자들은 성경을 읽을 때 그 책을 장식한 화려한 삽화들 때문에 정신이 혼란해진다는 것이다. "저 지저

분한 원숭이는 저기서 무엇을 하는가? 저 맹렬한 사자는? 저 괴물 같은 반인반수는?" 하고 베르나르는 삽화를 가리키며 물었다.

젊은 사람들이 무엇 때문에 수도원에 입원하는지 그 동기를 알기는 어렵다. 우리의 사료들은 그 어조가 일방적으로 성인전 분위기이고 수도원 소속 성인들의 후반기 생애를 칭송하고 있기 때문이다. 어떤 가문들은 식구를 수도원에 집어넣음으로써 문제를 해결했다. 어떤 통치자들은 적들을 수도원에 유배시켰다. 12세기까지 자녀를 수도원에 봉헌물(oblati)로 바치는 것이 가능했다. 그 후에는 수도원에 들어가려면 성인(成人)의 공식적인 합의가 있어야 했다. 많은 세속적인 사람들이 수도원으로 은퇴하여 비교적 편안하고 안전한 상태에서 과거의 죄악을 참회하는 삶을 살았다. 수도원의 매력 중 하나는 교육, 학습, 음악, 미술, 원예, 의학 등의 활동을 활발하게 할 수 있는 곳이라는 점이었고, 이런 활동들은 종교적 소명의식을 충족시켜주는 동시에 개인의 발전 가능성을 높였다. 작센의 간더스하임 수녀원의 원장 하투모다는, 그녀의 성인전을 서술한 작가에 의하면, 원장으로서의 벅찬 직무에 힘겨워했다. "그녀는 수녀원장이라고 불리는 것이 무엇인지 깊이 생각

중세

했다… 그녀는 공포의 대상이 되기보다는 사랑의 대상이 되고 싶어 했다." 빙겐의 수녀원장 힐데가르드(Hildegard, 1098~1179)는 교회의 행정 업무에 깊이 관여하면서도 지도자, 학자, 신비주의자로서 보람찬 일생을 보냈다.

수도원은 작은 조직이고 그 구성원들은 서로를 잘 알았고, 또 연령이나 기질이 다양했다. 수도원은 지하실, 주방, 필경실, 의무실, 학교, 합창대 등 독자적인 구역이 설정되어 있었다. 이런 곳에서 노동과 성취가 동시에 이루어졌다. 집단 수련은 친밀감을 높였다. 8세기경에 앵글로-색슨 수도원의 필경사들은 독특하면서도 동일한 필체로 글을 쓰는 능력을 완성했다. 다른 모든 기관과 마찬가지로, 수도원들에는 자상하고 도움을 주는 사람이 있는가 하면 야비하고 간섭하기 좋아하는 사람들이 있었다. 가정과 친구들로부터 멀리 떠나온 수도자들은 질투와 좌절감을 느끼는가 하면 깊고 열정적인 우정을 나누기도 했다.

각각의 수도원은 후원과 협력의 커다란 연결망의 한 부분을 차지했다. 이것은 종단의 경우에 분명하게 드러나지만 지방의 연결망에서도 작동한다. 1167년에서 1185년 사이에 알자스 호헨부르크 수녀원의 원장

이었던 란드스베르크의 헤라트가 제작한『기쁨의 정
원Hortus deliciarum』은 멋진 화보가 많이 들어간 책자로서
수녀들에게 신학적·문학적·음악적 지식을 알려주기
위한 것이었다. 이 책은 헤라트가 인근 마르바흐의 수
도원에서 빌려온 원고들을 세심하게 편집하여 만들었
다. 수도원과 수도자들 사이에는 편지 교환이 활발했
다. 편지들은 종종 그것을 가져온 사람이 크게 낭독하
기도 했다. 수도원들은 죽은 사람을 위해 기도를 바치
는 연합체로서도 기능을 발휘했다. 노르망디의 성 에
브룰 수도원은 공동의 기도를 올리기 위해 다른 87개
수도원들과 연결되어 있었다. 리모주의 성 마르시알
수도원은 37개의 수도원들과 연계되었다. 죽은 자들
의 이름을 적은 양피지들이 수도원들 사이를 돌아다
니면서 그들의 영혼을 위한 공동 대도(代禱)에 도움을
주었다.

수도원 내에서 혹은 수도원들 사이에서 기독교의 교
리에 대한 아주 중요한 논의가 벌어지기도 했다. 초창
기에 자주 논의된 것은 성체성사의 본질에 관한 것이
었다. 이에 대한 논쟁은 830년대에 피카르디의 코르
비 수도원에서 '파스카시우스'와 '라트람누스'라는 두
수도자 사이에서 벌어졌다. 12세기에 잉글랜드의 수

도자들은 성모 마리아의 수태 축제가 복음서에 기록되어 있지도 않은데 과연 축일로 삼아야 하는지 열띤 토론을 벌였다. 후발 종단이 선발 종단의 타락과 권력 남용에 대하여 비판하면서 수도원 종단들 사이에 논쟁이 불붙었다. 수도자와 수녀의 펜 끝에서 새로운 종교적 접근과 통찰이 흘러나왔다. 왜 하느님이 성육신하였는지 그것을 설명하는 영향력 있는 저서 『왜 신이 인간이 되었나*Cur Deus Homo*』가 수도자 안셀름(Anselm, 1033경~1109)에 의하여 저술되었고, 이 저자는 나중에 캔터베리의 대주교가 되었다. 이러한 논의들은 고전적 수사법과 성경의 인용에 의해 뒷받침되었고, 열정적인 개인적 운동으로 번지기도 했다.

수도원들은 그 담장 너머로까지 종교 문화에 대하여 영향을 미쳤다. 수도원들은 세속의 언어로 종교적 저서를 쓰는 중심지가 되었고 때때로 수녀들을 종교적으로 보살피는 중심지이기도 했다. 또 예술 작품의 생산지였다. 농촌에 사는 유럽인들이 볼 때, 기독교 생활의 가장 뚜렷한 재현은—그리고 아주 인상적인 재현은—수도원이었다. 이 종교 기관들은 비교적 오래 존속했다. 그들은 현지 성인들의 컬트를 유지했고 때로는 사목 활동을 펼쳤으며 축일과 기아의 시기에는 식량을 나누어주었다. 수도원에 대한 인력 보충은 주로 현지에서 조달했고, 그래서 수도원의 토지 소유와 현지의 인력 보충 사이에는 긴밀한 관계가 있었다.

일부 저명한 수도자들은 너무나 유명해져서 그들의 죽음은 기적에 대한 기대를 높여주었다. 쾰른의 빌리치의 아델하이트(Adelheid, 970경~1015)가 자신이 창설한 수녀원에서 사망했을 때, 쾰른 주교는 그녀의 시신을 주교좌 성당에 모셔서 순례와 컬트의 중심지로 삼으려 했다. 하지만 그녀의 여동생들이 그 시신을 돌려받아 망자의 소원대로 수도원에 묻을 수 있었다. 그러나 성공은 분열을 가져왔다. 많은 수도원이 경험했듯이, 순례의 필요와 그 즐거운 축제는 수도원 공동체의 평온을 깨트렸다.

수도원과 현지 교구와의 관계—12세기 중에 교구들이 유럽 전역에 확립되면서—는 복잡했다. 수도원들은 공식·비공식 영향력을 통하여 인근 교구의 종교적 절차를 더욱 풍요롭게 만들었다. 이러한 교류는 시토 수도자인 하이스터바흐의 카이사리우스(Caesarius, 1199~1240)가 서술한 교훈적인 얘기에 잘 묘사되어 있다. 트리어 교구의 한 사제는 시토 수도원에 한동안 머물면서 여왕 만세(Salve regina)와 자비의 어머니(mater misercordie)의 교창(交唱)을 배우게 되었다. 이 찬송가는 그의 마음에 딱 들었다. 그 뒤 그 사제는 길을 가다가 폭풍우를 만나게 되자 교회에 피신하여 성모에게 천둥을 진정시켜 달라고 빌었다. 그가 배운 교창을 자주 부른데다 아주 진지한 신앙심을 보였으므로 그의 기도는 곧 응답되었다고 한다.

자유를 추구해온 교회

유럽의 경제가 성장하고 파괴적 침입의 빈도가 줄어들면서 1000년 직후에는 좀 더 통합된 유럽이 나타나기 시작했다. 최근의 개종은 아이슬란드와 보헤미아, 폴란드와 덴마크를 유럽의 판도에 편입시켰다. 인구 조밀한 서부에서 동부로의 이동은 집중적인 영농방식이 널리 퍼졌다는 뜻이고, 그래서 식량이 더 풍부하게 생산되면서 더 많은 인구를 먹일 수가 있었다. 이런 많은 행위들에서, 교회 기관들―특히 수도원들―이 앞장서서 인도했다. 수도원은 비교적 안정된 존재였고, 현지 엘리트들의 후원을 받았으며, 또 이런 계급들로부터 수도자들을 선발했다. 수도원은 때때로 정치적·경제적 힘의 선발대였다. 우르겔 백작 귀프레드가 9세기 후반에 카탈로니아의 식민 사업을 다시 시작했을 때 그가 제일 먼저 한 일은 우르겔 평원에 수도원을 세우는 것이었다.

주교들은 주교좌 성당(대성당)으로 알려진 교회에서 관할 교구를 지도했다. 대성당(cathedral)이라는 말은 주교의 권좌를 의미하는 카테드라(cathedra)에서 온 것이다. 대부분의 유럽 도시들은 세례 교회를 갖고 있었고 이 교회를 중심으로 현지 주민들의 삶은 기독교적 삶이 되었다. 가장 저명한 도시들은―고대 로마의 말로는 civitates인데, 여기서 도시(city)라는 말이 나왔다― 교회 일과 세속의 일을 관장하는 행정의 중심지가 되었다. 성인들의 무덤에는 교회와 예배당이 세워졌는데 이것들은 도시의 모교회인 세례 교회의 하부 조직으로 존재했다.

종교 시설의 영향력, 지주 계급의 정기적 후원, 성직자들의 산발적 파견에도 불구하고 농촌 지방의 식량 사정은 불안정했고, 그리하여 12세기까지 유럽 전역에 어떤 균일성이 확립되지 않았다. 귀족 가정들은 가내 목사를 두었고, 그 가족들은 수도원과 수녀원을 세울 수 있었다. 영주들은 딸린 식솔들을 위해 영지 내에 교회를 세웠다. 그들은 사제들을 임명하고 제단에 필요한 비품을 제공했다. 주교들은 대성당 학교에 사제들의 훈련을 위한 시설을 만드는 데 핵심적인 역할을 했다. 1000년 이전에는 결혼한 남자가 사제가 되고, 또 가정을 꾸리는 것이 가능했다.

일부 유럽 지방은 아주 멀리 떨어진 곳에 자리 잡았지만 그래도 로마는 경쟁자 없는 기독교의 중심이었다. 제국의 상징은 교황제의 의식들, 가령 제의(祭衣), 찬송, 직위에서 아직도 느껴졌다. 교황들은 로마의 성인들―베드로와 바울 순교자, 네레우스와 아킬레우스 등―을 널리 현양했을 뿐만 아니라 콘스탄티노플에서 일찍부터 자리 잡고 번창한 성모 마리아 컬트도 적극 후원했다. 샤를마뉴는 800년에 로마에서 대관식을 거행했다. 후에 게르만 왕들도 로마에서 등극하려 했다. 신성로마 황제 하인리히 3세(Henry III, 1017~1056)는 세상 속의 교회는 교황을 정점으로 하는 위계적·관료적 조직이라는 개념을 적극 권장했다. 교황은 영원의 도시 로마의 주교로서 또 그리스도의 지상 대리인으로서 주교들에게 그 직무와 권위를 부여했고, 주교들은 차례로 선한 목자처럼 교구와 소속 신자들을 돌보았다. 이것이 기독교의 이상이었다.

이제 로마 교회가 추진하는 이상은 교회의 위계제와

기강을 확립하는 것이었고 세속의 권력으로부터 자유로운 교회의 자유(libertas ecclesiae)를 추구하는 것이었다. 이와 유사한 사상들이 세기 초에 북부 프랑스의 '하느님의 평화' 운동으로 표현되었는데, 교회가 그 권위를 바탕으로 기사들의 폭력을 통제하고 취약한 사람들을 보호해야 한다고 주장한 것이었다. 또 밀라노의 파타리아는 권위 높은 밀라노의 교회를 통제하려는 군주의 사무적인 태도에 항의를 표시했다. 비록 제한된 방식이긴 했지만 자유의 사상은 클뤼니 종단에 의해서도 이미 표명된 바 있었다. 즉 로마 교회 이외에 그 어떤 세속 권위에도 복종해서는 안 된다는 가르침이 그것이다. 교황 그레고리 7세(Gregorius VII, 1015경~1085)는 이런 개혁을 주도했다. 그는 젊은 시절 클뤼니 종단에 소속되어 힐데브란트라는 이름으로 수도를 했는데, 그 시절을 결코 잊지 않았다.

로마 교회의 리베르타스(libertas)라는 개념에 뿌리를 둔 교회의 자유라는 강력한 개념은 그레고리 7세에 의해 추진되었고, 새로운 신학적·법적·외교적 활동에게 영감을 주었다. 그레고리우스는 교회의 성직자 임명이 황제와 왕들의 간섭에서 자유로워지기를 바랐고, 교회의 직위를 가진 사제들이 왕들의 신하가 아니라 자유로운 행위자로 활동할 수 있기를 원했다. 그러나 돈을 받고 성직을 판매하는 것(simony)과 자격 없는 사람을 성직에 임명하는 것(Nicolatism)이 깊게 뿌리를 내렸고 교황 반대파들은 그것을 용납할 수 없는 권력 남용이라고 비판했다. 그레고리우스 7세는 교황 특사─유럽 전역에서 교황을 대신하여 활동을 벌이도록 위임을 받은 대사─를 보내어 교황의 입장을 설명하고 그것을 모든 현지에서 적용하려고 했다.

이러한 열망은 권위를 다투는 정치적 투쟁으로 발전할 수밖에 없었다. 가령 주교를 임명하고, 교회 법정을 소집하고, 전쟁과 사업의 윤리를 규정하고, 드물게는 통치자를 시정하려는 권위에 대한 싸움이 되었다. 그리하여 그레고리우스 7세는 그 당시의 신성로마 황제인 하인리히 4세(Henry IV, 1050~1106)와 갈등을 벌이게 되었고 정신적 지도자의 최후 수단인 황제의 파문을 명했다. 이런 극적인 대결이 벌어지자 하인리히 4세는 1077년 카노사에서 치욕적인 참회 행위를 하면서 교황과의 타협을 시도할 수밖에 없었다. 그러나 신성한 친족의 전통이 뿌리내리고, 또 왕들이 신하로부터 절대 충성을 요구하는 군사적 통치자로 군림하는 사회에서, 사제들이 인도하는 이런 기독교적 사회의 이상이 어떻게 성취될 수 있겠는가?

12세기에도 통치자와 주교들 사이에서 유사한 갈등이 발생했다. 주교들은 교회의 '자유'를 외치며 정신적 문제의 자율권을 주장했다. 교황과 황제의 갈등은 때때로 교황의 선택에서도 의견이 분열되는 사태를 가져왔다. 1159년에 유럽의 통치자들이 소집되어 두 명의 교황 중 어느 하나를 선택해 달라는 요청을 받았다. 두 교황은 알렉산더 3세와 빅토르 4세인데 둘 다 로마 추기경들에 의해 선출된 바 있었다. 알렉산더 3세는 신성로마황제인 프리드리히 1세와 그를 지지하는 제국 주교들을 제외한 모든 주교의 지지를 받는 아주 유능한 사법가이면서 행동가였다. 이러한 분열과 기능부전은 아주 심각한 현실적 결과를 가져왔다. 대분열 동안, 신자들이 내는 십일조는 누가 수령할 것인가? 누가 주교를 임명할 것인가? 로마에 호소된 사건들은 누가 결정할 것인가? 같은 문제들이 불확실한 상태로 남아 있었다.

교황의 주장은 왕권의 사법적 권한과 충돌했는데 특히 성직자의 법적 신분에 대하여 이견을 노출했다. 때때로 왕들은 원칙과 변덕이 동시에 작용하여 주교들에 반대하는 행동을 했다. 그래서 교양 높고 유능한 지도자인, 폴란드의 최초 슬라브계 주교 스타니슬라프

(Stanislaw, 1030~1079)는 국왕 볼레슬라프 2세의 명령으로 죽음을 맞이하여 순교자가 되었다. 중요한 논쟁점은 교회 재산에 관한 일련의 대결이었고, 그 이외에 왕의 도덕성을 비난할 수 있는 주교의 권리 또한 쟁점이었다. 잉글랜드 왕 헨리 2세(Henry II, 1133~1189)와 그의 예전 장관, 고문, 친구이며 후일 캔터베리 대주교에 오른 토머스 베케트(Thomas Becket, 1118경~1170)는 성직자를 법정에 소환하는 권리, 잉글랜드 내에서 교황의 권위 등에 관한 문제로 갈등을 벌였다. 베케트가 왕이 보낸 자객들에 의해 자신의 대성당에서 살해당하자 교황청은 1173년에 그를 순교자로 시성했고, 이러한 조치는 전 유럽에 생생한 파급효과를 미쳤다. 토머스는 잉글랜드의 성인이었지만 그의 피살 사건은 영국 해협 너머까지도 감동적인 스토리로 퍼져나갔다.

결국 왕과 고위 사제는 타협을 했다. 통치자는 교회가 제공하는 예식과 훈련이 필요했고, 교회는 왕만이 줄 수 있는 보호와 특혜에 의존했다. 그래서 1200년에 이르러 왕조의 통치자들은 그들의 신하에 대하여 교회 법정과 함께 사법권을 공유했다. 교회 법정은 다양한 사건을 다루었다. 가령 유언 검증, 신성 모독과 이단에 대한 재판, 모든 사람의 생활에 영향을 미치는 결혼에 관련된 문제 등이 판단 대상이었다.

교구 기독교

1200년경부터 기독교 사상과 실천은 약 9만 개 교구의 유럽인들에게 널리 퍼져나갔다. 교구 교회는 평생 동안 예배—빈번하든 혹은 산발적이든—를 바치는 친숙한 공간이 되었다. 개인과 가정은 교회에서 그들의 가장 중요한 순간들을 축하했다. 북부 유럽에서는 나무로 교회를 지었고, 남부에서는 돌로 지었는데 교회의 장식과 설비는 그 안에서 예배하는 사람들의 취향에 따라 다양했다. 사제들과 공동체는 교회 조직을 유지하는 책임을 공유했다. 만약 부유한 후원자가 나서면 교구 교회는 멋진 그림, 종탑, 고상한 제단 뒤 그림을 획득했고, 1000년 이후에는 조각상들을 그 후에는 장식 유리창을 얻었다. 교구 교회는 신자들의 수공예품으로 더욱 아름답게 꾸며졌다. 여신도들은 제단에 아름답게 수놓은 제단포를 만들었고, 남자 신도들은 그 천을 조심스럽게 관리했다. 교구가 잘 돌아가고, 또 종교적 교육과 정신적 위안을 많이 해주는지 여부는 전적으로 교구 사제, 그의 교육과 동기, 그리고 교구의 상급자인 주교의 감독에 달려 있었다. 주교들은 어려움을 겪는 사제에게 도움이 되는 지침, 모범적인 설교, 고해성사를 인도하는 질문 목록 등을 제공했다. 도시 사람들은 사제와 종교적 교사들이 제공하는 여러 가지 종교적 서비스—교구, 길드 예배당, 대성당, 실내외 행사 등에서의 설교나 종교적 연극 등—로부터 혜택을 받았다.

이러한 행사들은 1100년과 1200년 사이에 주교들과 세속 통치자들의 합동 노력으로 인해 변모되었다(Box 2). 사목 활동의 장기적 행사 덕분에 이제 교구 제도가 활짝 꽃피어났다. 각 교구는 전례와 행정, 훈련과 십일조 납부가 이루어지는 기본 단위였다. 유럽 전역에 크고 작은 교구들이 설정되었다. 가령 요크 시의 경우에는 소규모 교구가 다수 있었고, 포메라니아와 리보니아 같은 교구는 농촌 지역이면서 관할지역이 아주 넓었다. 교구 기독교는 의례, 지시, 참여, 사제의 지시를 따르는 신도들의 기여 등으로 구성되었으며, 1250년경 이후에는 신자 집사들이 교회의 운영에 적극 가담했다.

Box 2 **제4차 라테란 종교회의**

교황 인노켄티우스 3세(Innocent III, 1160~1216)는 이 범세계적 종교회의를 조직하는 데 2년이 걸렸다. 1215년 11월, 412명의 주교, 900명의 수도원장, 세속 통치자들의 대리인 등이 로마의 교황청에 집결하여 그 후 3주 동안 종교 현안을 논의했다(그림 7). 그리하여 약 70개의 결정사항—교령—이 도출되었는데 종교 생활의 핵심적 문제들과 관련된 사항이었다. 그중에서도 특히 교구 내의 평신도들을 위한 지침, 이단의 교정 등이 핵심 사안이었다. 그 후 수십 년 동안 주교들은 해당 주교구 내에서 이 교령을 바탕으로 교회법 세칙을 만들었고, 그렇게 하여 유럽 전역에 기독교 생활의 청사진을 공유하게 되었다. 이 종교회의는 다음과 같이 중요하면서도 지속적인 결정을 내렸다. 성변화에 대한 믿음을 신앙의 신조로 삼았고, 모든 신자가 해마다 고백성사와 성체성사에 참가할 것을 요구했다. 또 유대인과 무슬림은 그들의 옷에 뚜렷한 신분 표시를 해서 기독교 신자들과 섞이지 않도록 하라고 요구했다. 이 종교회의는 성지에 대한 새로운 십자군운동을 촉구했다.

교구 교회는 만남의 장소, 안전한 도피처, 보관 공간, 예식의 장소 등 여러 가지 역할을 수행했다. 탄생, 성년

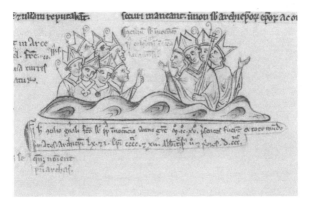

그림 7 잉글랜드의 수도자-연대기 작가인 매슈 패리스는 1215년의 제4차 라테란 종교회의의 열띤 토론 장면을 묘사했다. 이 회의에서 기독교 생활의 광범위한 프로그램이 선언되었다.

식, 결혼식, 죽음 등 생애주기의 중요한 행사들은 교회의 의례와 연결되어 있었고, 교회 내에서 혹은 교회 근처에서 거행되었다. 교회의 가장 큰 보물인 구제해주는 은총은 사제가 집전하는 7대 성사를 통하여 교구민들에게 전달되었다. 세례 성사는 수태 당시 태아에게 전해지는 원죄(그림 8)의 오점을 지워주었고, 새로이 태어나는 기독교인을 지원해주겠다고 약속하는 정신적 동반자—대부와 대모—를 만들어냈다. 사춘기에 도달하면 기독교 신앙은 주교가 견진성사에서 내리는 성유의 도움으로 더욱 은총이 강화되었다. 그때부터 그 개인은

그림 8 오르베이트 대성당의 정면 벽에 조각된 로렌초 마이타니의 작품(1301경
~1320). 아담에 대한 이브의 유혹을 묘사하고 있다.

해마다 올리는 고해성사와 참회(그림 8)를 통하여 죄악
에 맞서 싸우게 된다. 또한 기독교 가정을 꾸리고 죄스
러운 욕망을 다스리기 위해 혼배 성사(결혼식)를 올린다.

모든 성인은 해마다 의무적으로 고해성사를 하고,
또 사제가 부과하는 참회를 해야 되었다. 이렇게 해야
미사 중에 축성된 빵(성체)을 받아 모실 자격이 생겼다.

중세

이 빵은 성변화라는 과정을 통하여 그리스도의 살과 피로 변모된 성체이다. 아이슬란드의 스칼홀트 주교인 팔 존손(Pál Jónsson, 1155~1211)의 전설은 이런 행적을 전한다. 그는 이 성체 수령은 미사 중에 너무나 중요한 성사이기 때문에 무수한 강론(설교)을 뒤덮고 남음이 있다고 생각했다. 생애 말년에 이르러 죽음 너머의 불확실한 여행을 마주하게 된 기독교 신자는 신부가 임종의 침대에 해주는 마지막 은총인 종부성사를 받는다. 이 성사에 앞서서 고백성사와 성체성사가 먼저 거행되고 이어 사제가 성유를 신자의 몸에 바르면서 종부성사가 거행된다.

교구는 살아 있는 사람들뿐만 아니라 죽은 사람들에게도 봉사했다. 죽은 사람들에 대한 배려는 전통적으로 가정의 몫이었다. 프랑크족과 서고트족의 법률은 무덤 도굴꾼을 엄격하게 단속함으로써 망자의 위엄을 지켜주었다. 교구가 생겨나면서 망자들은 모든 예배에서 기억되었고 교구 사제는 언제 발생할지 모르는 죽음에 대비하여 대응 지침을 내려주었다. 거룩한 사람들은 천국으로 가고 악인들은 지옥으로 가지만(그림 9), 대부분의 사람들은—그들이 사랑하는 사람을 포함하여—이 두 그룹에 속하지 않는다고 생각했다. 교구 지침은 신학의 발전된 사상을 반영했고, 1200년경에 이르러 연옥에 대한 좀 더 정밀한 가르침이 도입되었다. 이곳은 고통과 고뇌를 통하여 죄를 정화하는 곳이다. 이런 과정을 거쳐서 정화된 사람은 천국에 올라갈 자격을 얻게 된다. 연옥에 머물게 될 시간은 어느 정도인지 알 수가 없다. 그래서 지상에 남은 사람들은 기도, 선행, 죽은 이들을 위한 대도(代禱) 등 가능한 한 많은 공적을 쌓아야 할 필요가 있었다. 이렇게 하면서 그들의 사후 고통을 완전히 피하지는 못하더라도 그것을 상당히 덜 수 있기를 희망했다. 많은 경우에, 부자들은 그들이 살아 있는 동안 기도를 많이 바치고, 또 사후에는 그들의 유언을 통하여 예배소나 기도소에서 대도가 많이 이루어지게 함으로써 사후에 대한 불안을 덜고, 또 이미 세상을 떠난 사랑하는 친척들에 대한 헌신을 표시할 수 있었다. 또 부자들은 자선 기관을 세워서 그곳에 수용된 가난한 사람들이 감사의 기도를 올리게 했다. 귀신 이야기들은 종종 저승에서 돌아온 죽은 남편이 과부 아내에게 유언장에서 요구한 대도를 왜 올리지 않느냐고 따진 사건을 전한다.

교구는 요람에서 무덤에 이르기까지 인생의 모든 영역을 관장했다. 복잡한 인간 체험에 상응하는 의례를

146 중세

그림 9 콩크의 생푸아 수도원의 현관문 위에 조각된 작품(1110경~1150). 왼쪽은 선택받은 자의 기쁨을, 오른쪽은 저주받아 지옥의 입구로 들어가는 사람들의 고통을 묘사하고 있다.

제공하면서, 교회는 진리와 정밀조사의 체제를 강요했다. 12세기 내내 교회는 고해성사에 대비하여 양심을 살펴보는 기술을 개발했다. 앞 세기의 일반적이고 공적인 참회는 밀려나고 점점 더 구체적 행동을 판단하기 위한 상황과 의도 캐내기가 성행했다. 누가? 무엇을? 어디에서? 누구를 통하여? 언제? 얼마나 여러 번? 왜? 교회 법정, 교구 방문, 이단을 추적하여 적발하는 특수 법정, 교황청 재판소 등에서는 방대한 탐문수사 조직이 가동되었다. '거짓의 여왕'인 이단은 '괴롭힘의 여왕'인 고문에 의해 다스려져야 했다. 고문은 드물게 사용되었고 가장 빈번하게 활용된 단속 방식은 공동체 생활로부터의 추방이었다. 파문 조치—기독교인들과 영교를 나누지 못하는 것—는 성사 참여 금지, 교회 미사 참가 금지 등을 의미했다. 이것은 신자들로 하여금 죄를 시인하고, 뉘우치고, 고백하고, 참회하게 만들려는 것이었다. 성무 금지령(interdict)은 또 다른 단속 수단이었다. 이것은 통치자에게 교황의 의지를 관철시키기 위하여 모든 백성을 상대로 내려지는 금지령이다. 잉글랜드의 존 왕이 교황의 캔터베리 대주교 임명 건을 거부하자, 교황은 1208년에서 1213년 사이에 잉글랜드에 성무 금지령을 내렸다. 1376년에 피렌체 시는 교황청과 영토 갈등을 벌이다가 성무 금지령을 받았다. 그래서 피렌체 사람들은 미사에 간접적으로 참가하기 위해 교회의 벽에다 구멍을 뚫고서 그 안을 들여다보기도 했다.

교구 이외의 곳

종교 기관에 합류할 수 없는 사람들은 숲속, 산꼭대기, 사람이 살지 않는 아주 외진 곳 등에서 외로운 수도자로서 은둔의 길을 걸어갔다. 이것은 남자들만이 할 수가 있었다. 여자들의 삶은 남자들의 감독을 받았기 때문이다. 그러나 몇몇 여성들은 특수한 여성 공동체 내에서, 교구 교회에 부속된 공간에서, 혹은 암자 같은 곳에서 여수도자로서 은둔의 삶을 추구했다.

좀 더 사교적인 사람들을 위한 순례는 치유와 참회로 가는 멋진 길이었다. 부자와 권력자들은 기독교의 역사와 긴밀한 관계가 있는 저명한 유적지들 가령 로마와 예루살렘을 방문할 수 있었지만, 대부분의 사람들은 고향 땅의 성지를 방문했다. 성자와 순교자의 무덤이든 성물 예배당이든, 신성한 장소를 찾아가는 방문은 여행 문학을 진작시켰고 소수의 체험을 다수에게 전파시켰다. 8세기 말에 이르러『아인지델른 여행일지*Einsiedeln Itinerary*』는 프랑크족 독자들을 위하여 로마 시를 여러 군데 둘러본 체험을 기록해놓았다. 또 그 후의 세기들에서는, 제단 뒤 그림들과 기도서 등에 의해 '사실상의 순례' 체험이 가능하게 되었다. 이런 것들은 신자들에게 그런 성스러운 곳들을 상상하게 만들었다.

기독교 교회가 제공하는 구원의 계획은 신앙의 믿음과 일상생활의 실천이 적절히 혼용된 것이었다. 중세 내내 세속의 기독교 생활이 너무 느슨하고, 또 교회가 세속의 일에 너무 많이 개입한다고 보는 사람들이 있었다. 정기적으로 발생한 개혁 운동들은 이런 긴장을 시정해보려는 것이었다. 때때로 세상에 가장 많이 참여한 사람들이 세상을 가장 맹렬하게 비판했다. 리용의 상인인 발데스(Valdès, 1140경~1218경)는 그의 재산을 모두 기부하고 그를 따르는 남녀 추종자들과 평신도들에게 가난을 설교했다. 후대에 이 추종자들은 발데스파(Waldesians)로 알려지게 된다. 아시시의 부유한 상인의 아들인 아시시의 프란체스코(Francis of Assisi, 1181경 ~1226)는 젊은 시절 움브리아 시에서 특혜의 삶을 살았으나, 상업적 부와 세속적 야망을 멀리하고 청빈의 복음에 시선을 돌리게 되었다. 프란체스코파는 교구 제도와는 정면으로 배치되는 새로운(그리고 처음에는 위협적인) 종교적 생활을 창조했다. 그들은 사제 서품을 받지 않았고, 또 교구에 봉사하지도 않았다. 그들은 자유로운 행동가로서 모범 사례가 되었으며 그들의 설교는 훌륭한 권면이 되었다.

그들은 거지처럼 살았고 현지의 언어로 설교를 했다. 기독교에 대한 공헌은 너무나 혁혁하여 이 반문화적 운동은 비로소 교황청에 의해 무기력과 맞서 싸우는 비밀 병기로 인정되었다. 프란체스코파에 공식 인가를 내주면서 그들의 충성심을 확보한 교황 이노켄티우스 3세(Pope Innocent III, 1160-1216)는 신앙을 '사무적으로 대하는 태도'를 강하게 매도하던 이 비판자들을 교회의 품으로 끌어들였다. 수백 개의 탁발 수도자 수도원이 유럽 전역에 창설되었고 신자들의 지원을 받았다. 덴마크에 그들이 도착한 사건은 이 운동의 전형적인 사례이다. 일단의 맨발 프란체스코파가 1232년에 소도시 리베에 들어섰고 도시는 그들을 환영하며 집을 내주었다. 그 후 몇 년 동안 다른 여러 덴마크 도시에 탁발 수도원들이 세워졌고 재속 후원자들의 지원을 받았다.

교구의 사제나 주교가 이런 침입에 분개한 것은 그리 놀라운 일이 아니다. 만약 사람들이 새로 도착한 프란체스코파의 예배에 참석하는 것을 더 좋아한다면 종교적 체험의 핵심이며 신자들의 지원을 받는 교구는 무엇이 되겠는가? 교구 사제는 완벽한 다기능 소유자였다. 그들은 날마다 성무를 집전하고, 병자들을 방문하고, 가난한 사람들을 보살피며, 교구의 재산을 관리하고, 어린 사람들을 가르쳤다. 반면에 탁발 수도사는 특별 설교자였다. 탁발 수도원은 그들의 동료가 대학에서 공부하는 동안에는 안락한 거주지와 도서관을 지원했고, 또 유럽 전역의 수백 개 수도원에서 그들의 회원을 교육시켰다(그림 10). 그들은 가장 영향력 있는 유럽의 사상가들을 배출했다. 프란체스코 종단 중에는 신비주의자이며 신학자인 보나벤투라(Bonaventura, 1221~1274)가 있었고, 또 도미니크 종단에는 그의 동시대인인 토마스 아퀴나스(Thomas Aquinas, 1225~1274)가 있었다. 천문학, 광학, 기타 기술 분야에 정통한 그 시대의 가장 위대한 과학자인 로저 베이컨(Roger Bacon, 1214~1294)은 프란체스코 파인데 망원경의 발명자로 추정되고 있다. 대부분의 카리스마 넘치는 운동이 그러하듯이, 탁발 수도사들은 시간이 경과하면서 좀 덜 고통스러운 생활 양식을 채택했다. 그리하여 탁발 수도사들에 대한 냉소적인 관점이 생겨났는데 가령 제프리 초서가 순례자들 중 한 사람인 탁발수도사를 "방종하고 쾌활한" 사람이고, 잡담과 "헛소리가 풍발하는 자"라고 묘사한 것이 그 좋은 사례이다.

중세 초창기에 많은 문화적 논의와 생산품이 수도원이나 궁중에서 생겨났다. 교구 신앙과 성사에 의한 생활주기가 정착되자 새로운 특징들이 종교적 체험에 영향을 주었다. 그중 가장 현저한 것이 성모 마리아에 대한 애착이다. 5세기와 6세기의 비잔틴 제국의 궁정은 성모에게 장엄함의 분위기를 부여했고, 이 스타일

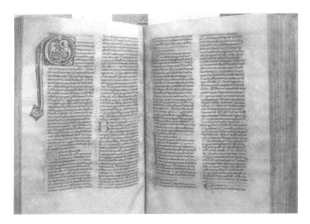

그림 10 옥스퍼드에서 제작된 것으로 보이는 성경(1250경). 도미니크 수도사들을 위해 제작된 것인데, 새로운 유형의 학자용 책자이다. 휴대할 수 있고, 활자가 선명하고, 해당 내용을 금방 찾아볼 수 있다.

은 후에 카롤링 왕조와 오토 제국의 궁중 화가들 그리고 앵글로-색슨 화가들에 의해 채택되었다. 이러한 성모 숭배 현상은 12세기에 들어와 완전히 새로운 것으로 변모했다. 성모 마리아는 가정의 어머니로 현양되었다. 그리하여 성모는 그녀의 아들에 대한 예배, 일, 기도, 놀이 등에서 모두 주인공으로 대접받았다. 더욱이 수도자들이 오랜 세기에 걸쳐서 개발한 겸손한 기도는 이제 헝가리어에서 프로방스어, 그리고 아이슬란드어에서 카탈루냐어 등 모든 유럽언어로 바쳐졌다. 이러한 마리아 체험은 모든 사람이 쉽게 받아들 수 있었고, 그리하여 대부분의 유럽인들의 생활에 깊은 공명을 일으켰다.

구원의 드라마가 설교, 예술 작품, 의례의 형태로 교구를 깊숙이 파고들었다. 11세기의 수도원들에서는 십자가에 못 박힌 그리스도를 현양하고 고통받는 하느님에 대한 공감을 일으키는 예배 행위가 널리 보급되었다. 이러한 예배는 탁발 수도사들의 설교를 통하여 도시의 사람들에게도 전해졌다. 프란체스코 자신은 몸에 다섯 군데의 성흔(stigmata: 십자가에 매달린 그리스도가 두 손, 두 발, 옆구리에 입은 것과 똑같은 상처)이 생김으로써 그 자신을 독특하게 그리스도와 동일시했다. 신자들은 하느님의 슬픔과 그것을 슬퍼하는 어머니(그림 11)와 그들 자신을 동일시하도록 권장되었다. 또 어떤 사람들은 이런 수난을 재연해보기까지 했다. 예배의 시가(詩歌)를 암송하는 종교 클럽에서는 회원 자신들이 그리스도의 고행을 직접 느끼기 위해 자신의 몸에 채찍질을 가했다. 기독교 신자들은 사순절과 성 주간에 십자가형에 대하여 더욱 뼛속 깊이 느끼게 되었고, 그리하여 기독교인과 유대인의 차이를 더욱 절감하면서 유대인에 대하여 학대와 폭력으로 기울어지는 경향을 보였다.

154   중세

그림 11 볼로냐의 산타 마리아 델라 비타를 위한 조각품(1462/3경). 그리스도의 수난과 관련하여 깊은 정서적 고뇌를 잘 표현하고 있는데, 이 조각품을 감상하는 기독교 신자들에게 그런 고뇌를 직접 체험해볼 것을 권유하고 있다.

평신도들이 종교 활동에 적극적으로 참여하는 것은 도시에서 특히 눈에 띄는 현상이었다. 도시에는 큰 부 (富)가 있었고, 그런 경제력 덕분에 민간 활동을 장려하는 것이 도시 생활의 핵심이었다. 우리는 앞에서 공유되는 예식들이 시에나 같은 도시에서 얼마나 중요한지 이미 살펴보았다. 1250년 이후에 시성된 성인 중에는 많은 평신도들이 있었고, 또 여신도도 많았다. 공동체 내에서 널리 존경받는 사람 중에는 결혼한 여자들, 과부들, 배운 것이 없는 여자들, 이상가들 등이 있었다.

저지 국가들과 독일 북부에서는 베긴 수녀회라는 여성들의 모임이 직물과 레이스 작업 등의 노동을 하면서 자선 사업을 병행했는데, 나중에는 번성하는 도시에서 그들만의 교구 비슷한 것을 형성했다. 브뤼헤스나 겐트에 있는 베긴 수녀회 건물들은 이 활동적인 종교적 여성들이 창조해낸 질서, 겸손, 평온의 분위기를 오늘날까지도 보여주고 있다. 베긴 수녀회는 일부 사람들에게 의심과 분개의 대상이 되었으나, 앞을 내다보는 주교들과 고해 신부들은 이 여성들이 얼마나 많은 영감을 불러일으키는지 잘 알았다.

유럽 지역들은 그들 나름의 종교적 정체성을 만들어냈다. 빈부 격차가 극심하고 세속적 재산의 변동이 특히 심한 플랑드르와 이탈리아의 도시들에서 지독한 가난을 칭송하는 복음이 생겨났다. 뚜렷한 오키타 문화를 가진 남부 프랑스의 랑그독 지방, 이탈리아 북부와 중부의 일부 지방은 12세기 중반에 이르러 2원론을 지지하는 기독교의 일파를 형성했는데 보통 카타르로 알려져 있다. 이 신학은 두 개의 원칙—하나는 일시적인 물질의 원칙이고 다른 하나는 영원한 정신적 원칙—이 서로 싸움을 벌이고 있다는 우주론을 신봉한다.

카타르파는 물질에 은총을 스며들게 하는 성사들을

거부했고, 가장 완벽한 카타르파만 받아들일 수 있는 단 하나의 예식 행위, 즉 위령안수 예식(consolamentum)만 인정했다. 카타르파는 '선량한' 남자와 여자의 설교에 의해서 인도를 받아 육체, 섹스, 권력 등을 철저하게 멀리하는 삶을 지향했다. 프랑스 왕과 교황은 랑그독 지방을 프랑스 왕국으로 편입시키고 그들을 가톨릭 품으로 다시 돌아오게 하려는 합동 노력을 펼쳤다. 이러한 캠페인은 대(對) 알비파 십자군운동(Albigensian Crusade, 1209~1229)으로 알려져 있다. 시몽 드 몽포르 4세(Simon IV de Montfort, 1165~1218)가 지휘하는 북부군은 툴루즈 백작이 이끄는 남부군과 격돌했고, 베지어나 카르카손 같은 카타르 요충지에서 수천 명이 학살되었다. 카타르파의 신앙은 대체로 파괴되었으나 그로부터 1세기가 지난 시점에서도 그들의 사상은 기독교 생활에 스며들어 있었다. 몽타유 마을 사람들의 이원론적 태도로 인해 파미어 주교는 1318년에서 1324년 동안에 종교재판소를 운영했다. 이 재판 기록은 이들의 복잡한 종교 사상에 대하여 자세한 증언을 담고 있다.

평신도들이 종교적 생활의 형성에 적극적으로 참여하게 되자 창의적인 공공 종교를 만들어내는 습관을 억제하는 것이 불가능해졌다. 이것은 대재앙의 시기에 더욱 뚜렷하게 드러났다. 흑사병(1347~1352)에 대한 반응은 많은 새로운 연합체를 만들어냈다. 매장 관련 연합회, 자기 자신을 채찍질하는 모임, 사자(死者)들을 추모하는 새로운 방식 등이 그것이다. 그렇게 할 여력이 있는 사람들은 그들 자신과 사랑하는 사람들을 위해 기도를 많이 올려주도록 조치했다. 교회의 개혁을 요구하는 목소리는 다양한 형태를 취했다. 보헤미아에서는 인종적 정체성에 대한 주장이 독일어를 말하는 사제들에 대한 반감으로 표출되었다. 대학의 신학자인 얀 후스(Jan Hus, 1369-1415)에게 영감을 받아서 '후스파'라는 운동은 제국으로부터의 정치적 독립과 성사(聖事)의 개혁을 추구했다. 그러나 후스는 처형되었고 황제는 이 반항적인 종교에 대하여 십자군운동을 전개했다.

성사를 거행하는 데에는 사제가 반드시 필요했지만, 부유한 상인과 장인 등 평신도들은 사제 없이 성사를 거행하는 것을 더 선호했다. 어떤 사람들은 성스러운 책들과 그림으로 그들의 생활을 풍요롭게 했고, 좋아하는 설교자를 정기적으로 찾아갔으며, 종교 시설과 긴밀한 유대관계를 맺었다. 플랑드르의 도시들에서 근대적 예배(Modern Devotion) 운동은 사제들과 아예 상종하지 않으면서 선행에 집중하고, 성경과 예배서를 열심히 읽으면서 또한 세속의 일에도 적극적으로 참여했다. 이 평신도들은 예배용 그림을 많이 요구했고, 그리하여 장인들은 최초의 석판화를 만들어냈다. 그후 몇십 년 뒤에는 최초의 목판화를 만들어냈는데 이것이 인쇄 혁명의 남상(濫觴)이었다. 15세기 초에 이르러 기계적으로 재생된 판화 형태의 종교화가 널리 보급되었다. 이 그림들은 벽에 걸거나, 기도서에 꿰매어 넣기도 했다. 특히 신앙심 강한 여성들이 이런 기도서를 애용했다.

15세기에 들어와 이탈리아 도시들은 어린아이들의 종교적 영감에 관심을 표시했다. 가령 1411년에 피렌체에서 창설된 '대천사 라파엘의 무리' 같은 젊은이를 위한 종교적 단체는 소속 젊은이들을 행진시켜 그들의 순수함과 순진성을 과시했고, 또 사람들은 그들의 음악 공연을 즐겼다. 중세 말기 카리스마 넘치는 설교자인 지롤라모 사보나롤라(Girolamo Savonarola, 1452~1498)는 1490년대에 종교적 열광으로 피렌체를 뒤흔든 사람이었는데, 죄지은 자들을 경고하기 위해 젊은이들을 참회의 행렬에 참여시켜 행진하게 했다. 예수 수난 성지(聖枝) 주일에, 소년과 소녀들은 하얀 옷을 입고 머리에 올리브 가지를 꽂고 손에 십자가를 들고서 행진했다. 르네상스 시기의 피렌체는 아주 전통적인 양식의 종교적 체험에 익숙해 있었는데 그것은 단순히 '중세'의 관행으로 치부할 수 없는 것이었다. 사보나롤라는 1498년에 이단으로 판정되어 교수형을 당한 뒤 시신은 불태워졌다. 이것은 종교적 헌신과 그에 따른 정치적 반향이 아주 다양하고, 또 변덕스럽다는 것을 보여준다.

제4장

왕권, 영주권 그리고 정부

신성한 왕권

우리는 앞에서 게르만 민족들 사이에는 기독교의 제
국적(帝國的) 통치권과 카리스마 넘치는 상무적(尙武的)
영주권이 잘 혼융되어 있는 것을 살펴보았다. 이러한
과정은 신성한 왕권이라는 개념과 실천을 가져왔다.
그 덕분에 왕조의 통치자들은 정의, 자비, 하느님의 은
총에 의한 사상들을 하나로 묶을 수 있었다. 이것은 지
식인들이 널리 보급하려 하고 강력한 세력가들이 성
취하려 한 사상이었다.

기독교로 개종한 후에 바바리언 통치자들은 제국

적 예식과 상징을 채택했다. 친족 집단의 연합을 다스리던 지도자들은 기독교 통치자로 격상되었다. 800년에 이르러 샤를마뉴는 왕이 황제의 칭호도 주장할 수 있다는 것을 보여주었다. 그리고 1000년에 이르러서는 이러한 왕들의 가계를 설명하기 위하여 오토 왕조의 작가들은 신성한 뿌리(beata stirps)라는 개념을 정립했다. 중세 후반기에 나온 서사시와 로망스의 작가들은 통치자의 운명을 받고 태어난 사람들은 그들의 피부에 특별한 표시를 가지고 있다고 상상했다.

신성한 왕권은 왕조 통치자와 교회 사이의 협약에 의해서 생겨났다. 교회는 잘 훈련된 인력의 전문지식과 노력 봉사를 통치자와 공유했고, 또 정신적인 문제와 성스러운 힘을 가진 예식 문제에서 조언을 해주었다. 반면에 통치자들은 기독교의 정체성을 보존하고, 교회를 보호하고, 정의와 평화를 추진해줄 것으로 기대되었다. 이러한 관계는 개종의 과정을 통하여 형성되었다. 헝가리의 기독교 왕자인 게자(Geza)에게서 태어난 스테판은 기독교적 통치의 여러 가능성을 알아보고 적극 포용했다. 그는 그 지역에서 남아 있던 이교도 통치자들을 패배시켰고 교황 실베스터 2세의 축복을 받아가며 1000년에 왕으로 대관되었다. 그는 아내 기셀라(Gisela, 985~1065)로부터 기독교인으로 통치하는 방식을 배웠는데 기셀라는 바바리아 공작과 부르군트 공주 사이에서 태어난 여자였다. 은총과 교회의 승인 덕분에 이 두 남녀의 결혼이 성사되었다. 부부는 법률과 모범을 통하여 헝가리 내에 기독교를 널리 보급했고, 무엇보다도 성모 마리아 컬트를 받아들였다. 스테판의 새로운 지위는 카르파티아 지방의 다른 귀족들보다 그를 한 단계 격상시켰다. 이와 비슷하게, 덴마크의 발데마르 왕은 귀족들의 모임(Landsthing)의 합의와 교회의 성유(聖油)와 대관(戴冠)에 의하여 1170년에 덴마크의 단독 통치자로 공인되었다.

새로운 기독교 왕조가 형성되면서 성스러움의 가족적 전통이 뒤따랐다. 키에프 루스의 왕인 블라디미르(Vladimir, 958경~1015)에 대한 경배 사상이 싹텄고 전사한 그의 두 아들 보리스와 겔브는 순교자로 현양되었다. 왕가에는 경건함의 전통이 대를 이어 내력으로 전해왔다. 헝가리의 성 엘리자베스(St Elizabeth, 1207~1231)는 14세에 결혼하여 20세에 과부가 되었는데 그때 이후 평생 동안 병자들을 보살피는 기독교적 헌신으로 일관했다. 그녀의 조카 헝가리의 마가렛(Margaret, 1242~1271)은 부모로부터 종교적 생활을 권면받아 수도원에서 성장했다.

노르망디의 윌리엄 공이 1066년 잉글랜드를 침공하여 정복하자 그의 파급효과로 신성한 군주로 격상되었다. 교황의 승인 아래 그는 웨스트민스터 사원에서 요크 대주교 얼드레드에 의해 대관되었다. 이 장면은 베이유 양탄자(Bayeux Tapestry)를 짠 잉글랜드 여성들의 바느질에 의해 아주 인상적으로 포착되어 있다. 이러한 자격으로 윌리엄은 교회의 자유라는 새로운 교황청 사상을 일찍 받아들였으며 또 교회의 개혁을 옹호했다. 그는 세속적 사법권의 영역을 넓혀나가는 동시에 교회의 법정이 발전하는 것을 허용했다. 교회는 이에 보답하여 노르만화의 과정을 지원했고 교회 인력을 왕궁의 장관 혹은 고문관으로 내놓았다.

신성한 왕권은 그 화려함과 시각적 그림과 음악의 유산, 건축과 예식 등으로 대부분의 독자에게 잘 알려져 있다. 프라하의 성 비투스 대성당과 그에 소속된 성 벤체슬라스 예배당은 아직도 대관식의 장소로 활용되며 또 장엄한 왕궁 근처에 위치해 있다. 기독교 왕권의 이미지와 행위는 왕가들의 통혼에 의해 서로 전파되었다. 잉글랜드 왕 리처드 2세가 황제 카를 4세의 딸인 보헤미아의 앤(Anne, 1366~1394)과 1381년에 결혼했

중세

을 때, 리처드의 왕궁은 그녀의 제국 궁정신하들로부터 궁중의 예법을 배웠다. 현재 웨스트민스터 사원에 보관 중인 장엄한 대관식의 유일한 그림인 웨스트민스터 초상화는 얼굴을 아주 근엄하게 처리하고 있는데 이는 보헤미아 사람들이 비잔틴 제국으로부터 배워온 것이다. 또한 리처드는 황금 배경을 뒤로 하고서 왕홀과 보주(寶珠)를 들고서 앉아 있으며, 그가 쓴 왕관과 입고 있는 용포는 이전의 잉글랜드 통치자들의 모습과는 아주 다르다. 리처드 2세가 제작 주문한 그림들인 윌튼 두 폭 제단화(The Wilton Diptych, 경첩이 달린 두 개의 패널로 구성된 그림)에서 정신적인 차원과 종교적인 차원이 서로 연결되어 있다. 왼쪽 그림에서 리처드는 세례자 성 요한의 무리들, 고백왕 에드워드(Edward, 1033~1066)와 함께 무릎을 꿇고 있고 그의 뒤에는 성 에드먼드(St Edmund, 869 사망)가 있다. 이들은 모두 천상의 궁정을 거느린 성모 마리아를 올려다보고 있고 성모의 아들은 부활―신성한 권력의 상징―의 깃발을 장차 잉글랜드를 통치할 사람에게 내주고 있다.

신성한 군주들은 기독교적 평화를 추진하기 위해 무력을 사용할 것으로 기대되었기 때문에, 그들은 종교 전쟁의 자연스러운 지도자였다. 어떤 왕들은 다른 왕들에 비해 그런 전쟁의 부름에 더 적극적으로 응답했으나, 아무튼 모든 왕이 응답해야 할 의무가 있었다. 제1차 십자군전쟁(1095~1199)으로 알려진 무력 순례여행은 유럽의 귀족들이 이끌었다. 그러나 제2차 십자군(1145~1149)은 독일 왕인 콘라트 3세(Conrad Ⅲ, 1093~1152)와 프랑스 왕인 루이 7세(Louis Ⅶ, 1120~1180)가 이끌었다. 잉글랜드의 왕인 리처드 1세(Richard I, 1157~1199)와 프랑스 왕인 필립 오귀스트(Philip Ⅱ Augustus, 1165~1223), 황제 프리드리히 바바로사(Friedrich Barbarossa, 1122~1190)는 1187년 예루살렘이 살라딘의 손에 함락되자 3차 십자군을 이끌었다.

11세기와 12세기에 기독교 왕권의 위력이 잘 확립되자 대부분의 왕궁은 수도에 자리를 잡았다. 이것은 몇 세기 전 샤를마뉴가 아헨에 수도를 정한 것과 비슷했다. 윈체스터와 이어서 웨스트민스터는 잉글랜드 왕들의 수도였고, 파리는 프랑스의 수도, 크라쿠프는 카시미르 1세 치하의 폴란드 수도, 후에스카는 아라곤 왕 라미로 1세의 수도가 되었다. 신성한 왕들이 어느 한 장소를 선호할 때에도 왕들의 여행은 계속되었다. 잉글랜드의 왕실 수행원들이 13세기 후반과 14세기 초에 스코틀랜드의 전역(戰役)에 따라갔을 때, 몇몇 정부 부처는 웨스트민스터에 남았다. 그렇지만 아주 중요한 문서보관서와 상당수의 인원은 왕을 따라 갔다.

수도는 정의, 교육, 교회의 후원 등 기독교적 통치와 관련된 책임과 위엄을 보여주는 곳이었다. 수도는 성유물의 보관소이면서 외교관들의 리셉션, 축일의 행진, 승전의 축하 등 국가 예식의 무대였다. 사후에 성인으로 시성된 루이 9세(Louis IX, 1214~1270)는 예수의 가시관을 보관하는 성물 보관소로 생트 샤펠 예배당을 짓게 했다. 그는 1204년 콘스탄티노플을 약탈할 때 획득된 물건들 중에서 이 가시관을 선물로 받았다. 장엄한 고딕 건물인 이 예배당은 왕의 합창단인 소년 성가대의 음악으로 흘러넘쳤다. 잉글랜드의 헨리 3세가 개축한 웨스트민스터 사원도 역시 장엄했다. 이 건물은 고백왕 에드워드 시절부터 내려오는 왕권의 연속성을 강조하고, 또 모든 로마적인 것에 대한 기독교의 보편적 충성심을 보여준다. 심지어 1268년에 이탈리아 화가들이 제단 앞에 제작한 모자이크 길까지도 그것을 드러내고 있다.

신성한 왕권은 공정한 정의의 시행과 평화의 확보와 깊이 연계되어 있었다. 통치자들은 특별한 문헌인 『군주 보감Mirrors for Princes』과 교회의 설교에 의해 그들의 책임을 매일 기억하게 되었다. 알프레드 대왕은 바이킹에 저항하면서 웨섹스의 왕이라는 절대적 지위를 확보했다. 그는 방어와 징세 임무를 효율적으로 수행하는 궁정을 수립했고, 또 교황청과 다른 유럽 지도자들과도 유기적 관계를 맺었다. 당대의 사람들을 감동시킨 알프레드 왕의 업적은 궁정신하들과 성직자들의 능력을 높여주고 드러내는 국가적 사업들을 많이 실시한 것이었다. 알프레드 왕 시절에 그레고리우스 교황의 『사목활동』과 『대화들』, 보에티우스의 『철학의 위안』, 오로시우스의 『이교도들에 대항한 역사』, 비드의 『잉글랜드 민족의 교회사』 같은 책들이 영어로 번역되었다. 이런 다양한 장르의 서책들은 평신도와 성직자들의 목표와 지평을 높이려는 것이었다. 알프레드 대왕이 『앵글로-색슨 연대기』의 편찬을 시작한 것은 역사서가 민족의 정체성을 뒷받침하기 때문이었다. 이 책의 첫 권은 여러 수도원에 보내져 보관되고, 또 증보되었는데 때로는 12세기까지 이 작업이 계속되었다.

영주권

로마제국을 뒤이은 왕국들에서 공직을 수행하는 자

들은 토지에서 나오는 세금 수입, 즉 녹전(beneficium)을 받았다. 이 제도는 바바리언 왕들의 통치하에서도 유지되었고 군사적·행정적 요원들의 연속성을 확보시켜 주었다. 이베리아에서 서고트족 왕들은 로마의 국고(fisc)를 계속 유지했는데, 배신자들의 몰수된 땅, 예전 사원들의 소유물, 후계자 없이 죽은 자들의 재산 등에 힘입어 점점 국고가 늘어났다. 고대 로마 속주의 소도시와 대도시에서 현지의 시의원(curiales)은 계속하여 세금을 징수했고, 그 돈을 주지사에게 전달했다. 이러한 행정 제도는 아주 오랫동안 지속해온 것이었다. 왕들은 이 제도를 이용하여 왕의 추종자들에게 보상을 해주었으나 녹전은 여전히 공공재로 여겨졌다. 그래서 675년에 테우데리크 3세는 적의 진영에 가담한 공작의 녹전을 몰수했다. 프랑크 왕들의 메로빙 왕조 아래에서 골(Gaul)의 토지들은 봉사에 대한 보답으로 하사가 되었고, 그 봉사가 끝나면 왕에게 환수되었다. 샤를마뉴와 그 후계자 시절에도 관직은 세습되지 않았다. 또한 면밀한 감독을 통하여 수도에서 멀리 떨어진 기방의 현지 관리들은 카롤링 '왕조'의 하인들로 인식되도록 단속했다.

그러나 이런 제도는 9세기 들어와 카롤링 단일 통치

가 동서 프랑키아와 이탈리아 등 여러 개의 왕국으로 분열되면서 시험을 받게 되었다. 거기다 바이킹과 마자르족에 의한 분열과 파괴가 있었고, 또 무슬림이 지속적으로 침공해왔다. 축성, 법률, 치안 등의 업무를 수행하는 현지 행정관들은 어려움에 직면했고, 그리하여 공공행정 제도가 심각한 도전을 받았다. 관리들은 전과 마찬가지로 정부의 일을 보았다. 800년경부터 주도면밀한 감독을 할 수 없게 되자, 공공재와 개인 재산 사이의 구분이 희미해졌고 결국에는 가뭇없이 사라져버렸다. 백작들은 그들의 관직을 아들들에게 물려주었고 녹전을 가문 대대로 내려온 권력과 권위의 수단으로 삼았다. 그들은 그 땅과 수입의 일부를 봉신들(fiefs)에게 나눠주고 대신 그들로부터 충성과 지원을 맹세받았다. 봉신은 무사에게 생계수단을 제공했고, 기사에게는 전마(戰馬)와 마구(馬具)를 제공했다. 이제 무력의 핵심은 등자 달린 말을 타고 싸우도록 훈련된 전사였다. 또한 기사들은 칼, 방패, 창을 잘 다루었다.

이것은 봉건제도의 기반이 되었고, 이를 바탕으로 장기간에 걸친 토지, 부, 권력의 재편성이 1000년경에 유럽에서 발생했다. 또한 이것은 비교적 안정된 통치계급을 만들어냈다. 9세기의 왕실 가신들은 11세기의 백작과 성주(城主)에게서 찾아볼 수 있다. 이러한 봉지들은 독립적인 영향력의 기반인가 하면 책임과 의무의 배경이기도 했다. 11세기에 이르러 이러한 사람들과 그들의 세습재산을 둘러싼 가족과 계보 의식은 아주 강력해졌고 새로운 장르의 가족 역사, 혹은 무용담을 만들어내는 계기가 되었다. 가령 앙주 공 풀크 르 레친(Fulk le Réchin, 1043~1109)과 폴란드의 볼레스라프 공(Boleslaw, 1086~1138)의 무용담, 1162년과 1184년 사이에 저술된 바르셀로나 백작의 무용담(Box 3) 등이 이런 부류의 작품들이다. 이런 가신들은 때때로 아주 강성한 힘을 가진 세력이 되었다. 프랑스 왕의 가신이었던 노르망디 공은 잉글랜드를 정복하여 왕이 되었다. 롬바르드에 봉사하던 노르만 귀족의 여섯째 아들인 로베르 기스카르(Robert Guiscard, 1015경~1085)는 아풀리아와 칼라브리아의 공이 되었고, 이어 교황의 가신이 되었다.

Box 3 기사도정신

기사도(chivalry)라는 단어는 일련의 사상·실천·경험을 가리키는 말이다. 그것은 군사적 행동에 가담한 자유민의 행동 규칙이며 생활 양식이다. 그 규약은 전쟁 시에 고상한 행동을 하도록 권유했으며, 포로의 처리 등 적들과의 관계에 있어도 상호규율을 지킬 것을 요구했다. 기사도는 무제한적인 폭력을 막으려는 교회 인사들이 내놓은 기독교적 가치로부터 영향을 받았다. 그리하여 무장하지 않은 사람들을 보호하고, 종교 시설에 대한 공격을 금지하고, 사순절과 종교적 축일에는 전쟁을 하지 못하도록 규정했다. 기사도는 전쟁에서 언제든 만날 수 있는 전사 계급들끼리의 싸움도 규제했다. 그리하여 신체 훼손이나 불명예 등 최악의 잔인한 행위들을 금지시켰다. 따라서 기사도정신은 형체나 색깔 등의 상징 언어를 개발하여 무장한 기사를 서로 금방 알아볼 수 있게 했다. 바로 여기서 문장(紋章)이 생겨났다. 무슬림에 대한 공격으로 기독교 예배와 전쟁 사이의 연결고리가 강화되었고, 그리하여 12세기에는 리처드 사자심(獅子心) 왕이나 엘 시드 같은 기사도의 영웅들을 탄생시켰다. 아더 왕을 중심으로 하는 풍성한 영국의 역사적 전통은 수도자들에 의해 기사들의 노력과 모험을 칭송하는 서사시─가령 「성배를 찾아 나선 모험」 등으로 다시 집필되었다. 이러한 서사시는 처음에 프랑스에서 집필되었으나 그 후 다른 유럽 언어들로 제작되기 시작했다.

남성적 용기와 충성심이라는 이상적 주제와 함께, 그에 걸맞은 사랑의 형태가 생겨났는데 곧 궁정 연애이다. 이것은 고상하고 세련된 여성을 동경하는 기사의 짝사랑을 상상하는데, 각종 시, 노래, 시각적 이미지 등에 영감을 주었다. 기사도정신은 전쟁 중에 실천되었으나, 평화 시에는 미상시합과 왕들과 귀족들의 궁정에서 용기 과시로 완성되었다. 기사도 문화는 궁정에서 추진되었는데 여성들은 후원자로 그 문화에 참여했고, 또 예술적 의식에도 가담했다. 기사도 문화에 몰두하는 고상한 신분의 젊은 남자들은 전투에서 명성과 체험을 얻으려 했다. 장래에 잉글랜드의 헨리 4세(Henry Ⅳ, 1367~1413)로 등극하게 되는 젊은이는 리보니아(그림 12)에 기독교를 전파하기 위해 원정을 떠난 튜턴 기사단에 참가했다. 기사도 주제는 말 탄 기사의 시대가 용병(傭兵)과 대포의 시대에 밀려난 이후에도 사회적 관계와 예술적 생산에 계속하여 영감을 주었다.

봉신, 영주, 충성의 언어는 일단 개념화되어 굳게 정착되자, 그 후엔 허가장에 기록되고 법률에 반영되었다. 이 개념은 시가(詩歌)와 역사의 세계에도 널리 스며들어갔다. 그것은 사람들을 개종시키고 새로운 기독교 정체(政體)에 봉사하는 교육받은 성직자들을 매개로 하여 널리 퍼졌다. 여러 지역들이 유럽으로 통합되자 봉건 개념은 리더십, 용기, 충성 등의 고유한 사상과 혼용되었다. 좋은 사례가 노르웨이의 세습왕국(Norgesveldet)이다. 영주와 충성 맹세의 언어는 맹크스와 헤브리디스

그림 12 튜턴 기사단이 1274년에 지어 성모 마리아에게 헌정한 말보르크 성채(북부 폴란드). 그 성채와 주위의 마을은 튜턴 기사단이 북동부 유럽에서 군사적·정치적으로 위세를 떨쳤다는 것을 보여준다.

의 왕인 고드로드르와, 노르웨이의 왕인 잉그리 하랄드손의 관계를 표현하기 위해 사용되었다. 이와 비슷하게, 1217년에는 맹크스와 헤브리디스의 로그마드르 왕이 노르웨이의 왕으로부터 그의 왕국을 '봉토'로 받았다고 전해진다. 그러나 노르웨이가 스코틀랜드를 공략하여 정복에 실패하자, 1266년의 퍼스 조약은 노르웨이의 왕을 스코틀랜드 왕의 봉신으로 격하시켜 헤브리디스의 영주로 삼았다. 13세기에 이르러 왕조의 외교술은 유럽 통치자들 사이의 의사소통과 분쟁 해결의 수단으로 발전되었다. 통치자들은 봉신들에 대하여 영주권의 전제와 언어를 공유했고, 그 봉신들은 차하급 봉신들과 그런 관계를 맺었다. 이렇게 하여 귀족적인 정치 문화가 형성되었다.

로마법의 전통은 고대 로마 속주들에서 계속되었을 뿐만 아니라, 12세기에 궁정과 학교에서 법률 연구의 바탕이 되었다. 우리는 이에 대하여 뒷장에서 살펴보게 될 것이다. 토지 점유, 결혼, 절도와 살인에 대한 처벌 등 많은 생활의 영역이 웨일스, 아일랜드, 색슨, 프랑크, 알레만 등 전통적 관습의 규제를 받았다. 그렇지만 로마법은 상업을 촉진하고, 또 국가와 그 통치자의 개념을 보급하는 데 특히 유익했다. 1000년과 1200년 사이에 왕실의 행정이 주요 범죄에 대한 처벌을 가문의 복수라는 영역에서 왕실 법정의 소관으로 이관시켰다. 물론 이러한 이관은 점진적인 것이었으며, 늘 일관되게 벌어진 것은 아니었다. 가문들 사이에 많은 조정이 벌어졌다는 사실은 모든 사건이 왕실 법정으로 넘어간 것은 아님을 보여준다. 그러나 관리들은 왕실을 위협하는 중대 범죄는 철저히 색출했고 공동체에게 제보자의 임무를 부과했다. 그래서 범죄의 증거가 발견되면 공동체 주민들은 즉시 비난의 고함을 질러대는 것이 의무였다.

지방의 전통들은 점점 더 주도적인 왕실 사법 체계에 흡수되었는데, 12세기 후반 잉글랜드의 헨리 2세 법정이나, 13세기 중반 카스티야의 '현명왕' 알폰소 10세의 법정이 좋은 사례이다. 정의의 시행은 왕권의 의무이면서 권력을 행사하고 조세를 징수하는 기회이기도 했다. 다양한 직위와 능력을 갖춘 왕실의 판사들이 왕국을 순회 여행하면서 판결을 내렸다. 살인, 강도, 대역죄 등 중범죄의 경우에는, 현지의 치안을 단속하고 배심원을 구성하고 용의자를 체포하는 현지의 엘리트들과 함께 왕실의 관리들이 심리를 했다. 이 관리들은 심리 결과로 부과된 벌금이나 부동산의 몰수 등을 집행했다.

중세 후반에 이르러 왕실 법정은 점점 더 정교하고 복잡한 기관이 되어갔다. 법정은 경제적인 사건들도 제재했고, 또 동전 주조에 개입함으로써 경제적 활동에도 간섭했다. 잉글랜드에서는 수익 높은 양모 산업을 면밀 조사하여 14세기 초 대륙으로 수출되는 3만5천 자루의 양털에 관세를 부과했다. 왕국들의 규모가 커지면서 군사비와 국내 행정 비용의 부담도 점점 더 무거워졌다. 당연히 이를 관장할 중앙 기구와 회계 방식이 필요했다. 이 시기에 경제가 번창하면서 세관의 단속과 보호무역적인 정책으로 감시해야 할 소득의 원천도 점점 더 복잡해졌다. 경제와 정치 활동에 수많은 사람들이 참여하면서 폭넓은 협의의 필요성도 따라서 커졌다. 기존의 왕과 귀족들은 전쟁의 문제에 대하여 협의했으나, 그에 더하여 "모든 사람에게 관련되는 것은 모든 사람의 승인을 받아야 한다(quod omnes tangit ab ombinus approbari debet)"라는 로마법의 원칙은 재정 문제에서 대표권을 요구하게 만들었다. 영주들은 언제나 봉신들이 옆에 있어서 조언과 지원을 받았지만, 그들 중 가장 지위 높은 영주인 왕은 재정, 법률, 행정, 외교 등의 분야에서 전문가의 조언이 필요했다. 이것은 전문 지식을 갖춘 왕실의 하인들을 임명하고, 또 협의를 통하여 해결할 수 있었다. 파를르망(parlement), 디에트(diet), 코르테스(cortes), 란드스탁(landsthag) 등 다양한 이름을 가진 의회가 유럽 전역에서 발달했는데, 귀족, 성직자, 기사, 소도시 시민 등 정치적 집단의 대표성을 확보하기 위한 기관이었다. 이처럼 협의 대상이 넓어지면서 15세기에 이르러서는 도시들도 그 과정에서 편입이 되었고, 폴란드, 보헤미아, 헝가리 등에서는 이 과정에 의해 왕들이 선출되었다.

왕들은 대형 프로젝트의 후원자로 인식되었다. 우리는 앞에서 기독교적 왕권과 기독교적 군사 원정전의 리더십이 서로 긴밀하게 연결되어 있다는 것을 살펴보았다. 성지 탈환을 위한 십자군운동, 이베리아의 레콘퀴스타, 이교도들을 상대로 한 전쟁 등이 그런 리더십의 좋은 사례이다. 15세기에 왕실이 후원해주어야할 대상의 새로운 지평이 열리면서 왕실의 리더십은 더욱 절실한 것이 되었다. 1430년부터 포르투갈의 왕들은 아프리카 탐험을 인도하면서 공식 항해사나 지도 제작사들에게 특혜와 칙허를 내려주었다. 중세 말에 이르러 스페인의 군주인 페르디난드와 이사벨라에게 상업적 모험과 지복천년의 비전을 앞세운 프로젝트가 제시되었다. 크리스토퍼 콜럼버스는 서쪽으로 항해하면 서인도 제도에 도달할 수 있다는 계획을 이 두 군주에게 내놓았다. 다른 군주들은 이 제노바 출신 의 상인-여행가의 전례 없는 모험을 거부했지만, 두 군주는 콜럼버스의 말을 경청하면서 그를 지원했다. 콜럼버스의 원대한 계획은 기독교 군주로서 그들이 갖고 있는 사명감과 리더십에 호소했던 것이다.

제5장

교역, 환경 그리고 자원

———

    우리는 이 책에서 이미 천연자원과 그 사용에 대해서 논의한 바 있다. 그러나 이것을 생산과 교역이라는 경제 체제로서 한번 생각해보자. 중세에는 근면한 노동이 식량과 원재료를 만들어내어 대체로 중세 사람들을 먹여 살렸고, 또 사치품의 제조, 교역, 거래의 바탕을 형성했다. 예를 들어 교역은 6세기에 스칸디나비아와 헝가리를 연결시켰다. 그래서 우리는 이 원천으로부터 약 1천 킬로미터 떨어진 곳에 묻힌 여인의 무덤에서 북부의 아름다운 호박 보석류를 발견한다. 대부분의 지역은 생필품을 생산하는 것을 목표로 했고, 그래서 무역업자들은 상아, 향료, 비단 등 좀 더 이국

적인 물품들을 수송했다. 11세기의 독일시 「메리가르
토Merigarto」는 아이슬란드에서 와인과 꿀을 팔아서 큰
돈을 번 레기베르트 신부를 서술하고 있다. 1100년경
에 셀리아에 건설된 노르웨이의 가장 오래된 수도원
에서는 스페인산 실크로 만든 성의를 입은 사제들이
미사를 집전했다.

이런 고가품 교역은 당시 등장한 은화의 제한된 비
축량이 얼마나 있느냐에 달려 있었다. 그런데 로마제
국의 금화가 사라진 지 수세기가 되었는데 그 금들은
다 어디로 갔을까? 일부는 십자가나 왕관 등 교회와
궁정용 장식품에 들어갔고, 일부는 유럽에 수입된 물
품의 대금으로 무슬림 세계로 흘러들어갔다. 1100년
이전에 농촌 사회에서는 동전이 별 쓸모가 없었다. 새
로운 황금 동전은 13세기에 들어온 1231년 프리드리
히 3세 황제에 의해 처음 주조되었다.

모든 경제 활동은 1000년 이후에 촉진되었다. 그 후
2세기 동안 식량 여유와 인구 증가 덕분에 경제, 공동
체, 생활 양식 등은 좀 더 다양하게 되었다. 은이 많이
채광되면서 은화에 의한 화폐 경제가 농촌 시장을 파
고들었고 소규모 농산품의 잉여분이 널리 교환되도록
촉진했다. 그리하여 소규모 시장과 새로운 소도시들이

널리 생겨났다. 생필품의 거래가 늘어났고, 발트 해 연안지대의 곡식이 플랑드르 소도시 시민들을 먹여 살렸다. 유럽인의 약 10~15퍼센트가 곡식을 직접 기르는 것이 아니라 사서 먹었다. 도시의 중심부에는 가족 회사, 합자회사, 상인을 지원하는 명목상의 파트너 등 새로운 형태의 기업들이 생겨났다. 이런 기업들은 교역의 발달을 도왔고 그 효과는 모든 지역에서 느껴졌다. 이탈리아의 상인들은 극동과도 거래를 했고 이탈리아의 은행가들은 왕들의 전쟁 수행에 필요한 대규모 금융을 제공했다. 15세기에 이르러 유럽 전역에 지점을 두고 있는 개인 소유의 은행들은 그리 이례적인 것이 아니었다. 가령 밀라노의 보로메이 가문은 1434년부터 브뤼주에 지점을 두었고 그 직후에는 런던에도 지점을 개설했다.

농경지와 목초지

아무리 경제가 다양해도 그 근본은 언제나 농촌이었다. 들판의 경작지와 포도원, 목초지, 초원 등에서의 각종 생산 사이에 늘 균형이 이루어져야 했다. 대부분의 개인과 공동체가 직면한 문제는 일하는 사람들과 가축, 그리고 도시 인구들의 수요를 충족시키기에 적합한 식량을 생산하는 것이었다. 식량 생산 이외에, 옷감, 집, 가정용품, 사치품 시장에 내놓을 고급 제품 등의 제작에 필요한 원재료를 수집, 채광 혹은 재배해야 되었다.

들판에서 생산되는 곡식은 빵이나 포리지(오트밀로 만든 죽)의 생필품을 만드는 데 들어갔다. 하얀 빵을 만드는 데 쓰는 밀은 그 생산자는 별로 먹어보지 못하는 환금 작물이었다. 농부들은 호밀빵이나 여러 가지 곡식을 섞어 만든 빵을 먹었다. 포리지는 다양한 형태로 나오는 주식품이었다. 스코틀랜드에서는 오트밀로 만들었고 중부 이탈리아의 폴렌타는 보리로 만든 것이었다. 이러한 주식에 더하여 그보다 훨씬 작은 음식, 가령 고기, 생선, 야채, 우유제품 등이 추가로 섭취되었는데 전체 음식의 약 5분의 1 정도였다. 농부들은 헝가리와 저지 국가들에서는 쇠고기, 프랑스 대부분 지역에서는 닭고기, 독일과 브리튼 제도에서는 돼지고기, 지중해 지역에서는 양고기와 염소고기를 먹었다. 양젖이 우유보다 더 많이 소비되었고 양의 우리는 거름을 깔아서 따뜻하게 했다. 영양은 맥주를 마심으로써 보충되었다. 귀리를 발효시켜 만든 갈색에 쓸쓸한 퀠

틱 맥주나 색슨 맥주가 있는가 하면, 좀 더 북쪽과 동쪽에서는 밝은 색깔에 보리로 만든 게르만 맥주가 있었다. 남쪽에서는 와인 생산지일 경우에 만든 지 얼마 안 된 와인을 주로 마셨다(Box 4).

Box 4

포도는 유럽의 일부 지역─라인 강과 모젤 계곡, 남부 프랑스, 이베리아, 이탈리아─에서만 재배될 수 있었지만, 그 수요는 유럽 전역에 걸쳐 있었다. 오늘날 운영되고 있는 와인 생산 지역은 이미 로마시대부터 있었고, 그 후에도 이 지역에서의 포도 농업은 계속되었다. 1000년경부터 북부 유럽의 와인 수요가 증가되기 시작했고, 그 결과 와인 무역은 중세 경제의 중요한 부분이 되었다. 진취적인 주교들─가령 1084년의 스파이어 대주교인 뤼디거─은 와인 전문 재배업자들을 초청하여 그들의 도시에서 와인을 거래하도록 권장했다. 새 포도원을 만드는 것은 노동력이 많이 들어갔고, 그래서 비용 투자가 많은 사업이었다. 산등성이에다 테라스형 땅을 일구어야 했고, 햇빛을 잘 받기 위하여 적절한 각도로 포도 씨앗을 심어야 했고, 씨앗이 정착하여 나무로 자라는 데 3년이 걸렸으며, 그동안 끊임없는 가지치기와 관리를 해주어야 했다. 따라서 대규모 장원의 영주나 종교 시설들이 와인

중세

제조업자로 성공할 가능성이 높았다. 농민들은 일정한 돈을 내고 영주의 포도 압착기를 빌려 쓸 수 있었다. 중세의 와인은 오늘날 우리가 마시는 와인보다 더 시고 알코올 도수도 약했다. 또 때에 따라 꿀, 호추, 계피 같은 것을 함께 타서 먹었다. 부유한 사람들은 사이프러스와 가자산 포도주를 즐길 수 있었다. 수도원, 궁정, 도시 등에서 와인을 일상적으로 마셨다는 기록이 남아 있는데 숙성된 지 얼마 안 되고 대량으로 생산된 와인이었을 것이다. 부자들은 손님을 환대할 때 고급 와인을 내놓으며 재력을 과시했고, 각 교구 내의 교회들은 핵심 의식인 미사 때에 반드시 와인을 사용해야 되었다.

7세기와 8세기에 중부와 북부 유럽의 대부분 지역에 무거운 쟁기가 도입되었다. 주로 말이 쟁기를 끌었는데 잉글랜드에서는 황소가 끌었다. 이런 쟁기에 의한 영농은 근대까지 계속되었고 말이나 황소에 목깃을 달아서 조종하기 쉽게 했고, 또 금속 편자를 박아서 말의 발을 편안하게 했다. 이 쟁기는 땅을 갈아엎는 동안 땅속 깊숙이 파고 들어갔다. 이러한 준비는 특히 북동부 지역에서 가축 사료(spelt)를 경작하는 데 도움이 되었다. 말들을 먹이는 데 아주 유용한 귀리와 보리는 씨

앗을 깊숙이만 심으면 차가운 땅과 추운 날씨에서도
잘 자랐다. 말은 땅을 써레로 고르거나 점점 더 상업화
하는 시장에 농산품을 수송하는 데에도 유용한 역축
(役畜)이었다.

　이러한 기술혁신 덕분에 인구가 증가할 수 있었다.
그리하여 일부 지역에서는 9세기부터, 다른 지역에서
는 10세기부터 인구가 늘어나기 시작했다. 근대 농업
의 생산율과 비교해볼 때에는 그 수확량이 보잘것없
었지만, 그래도 인간과 가축을 먹이기에 충분한 양이
었다. 어디서나 식량이 안전하게 공급된다는 기대 덕
분에 사람들은 농토에서 멀리 떨어진 곳에서도 일자
리를 선택하게 되었고, 또 농촌 지역의 특수한 일들,
가령 철공 작업, 목탄 작업, 영지 관리 등에 종사할 수
있었다. 또 시골에 사는 사람들도 주택 개량, 도로 개
선, 공동체의 준설 작업 등에 더 많은 시간을 내게 되
었다.

　중세 초기에 숲속에서 사냥하고 강에서 천렵하는 것
은 계절에 따라 상당한 식량을 제공했다. 그러나 시간
이 흘러가면서 영주들이―왕, 수도원, 기사― 천연자
원을 좀 더 집중적으로 개발했고, 또 좀 더 철저하게
통제했다. 북유럽에서는 집을 지을 수 있는 나무가 풍

부했지만 영주의 집사들은 삼림을 자원으로 관리하면서 최고로 높은 수익을 올리는 데 활용하려 했다.

대부분의 영지들은 영주가 직접 활용하는 제일 좋은 땅(demesne)과 농노들에게 나누어준 나머지 땅으로 구성되었다. 들판은 여러 조각으로 나누어 경작되었고, 한 필지는 이런 여러 조각으로 구성되는데 각 조각마다 땅의 품질이나 정착촌으로부터의 거리 등이 달랐다. 이것은 공정한 분배를 도모하기 위한 것이다. 마을 공동체가 만든 세칙들은 상부상조를 확실히 실천하려는 것이었다. 가령 그런 세칙에는 과부와 가난한 자들을 위한 이삭줍기 권리, 무료 음식 등이 규정되어 있었다. 영주들은 영농지에서 나오는 소득을 극대화하려 했고, 그런 만큼 영주의 이해관계는 농노의 그것과 일치할 수도 있었고 반대로 갈등을 일으킬 수도 있었다. 요크셔의 삼림지나 포 강 유역의 늪지를 개간하여 농지를 확대하는 작업에는 영주들이 투자를 했고 이어 농노들이 그 개간된 땅에 정착했다. 가축과 인간을 위한 울타리공사와 토목공사도 먼저 영주가 투자를 하고 그다음에 농노와 노무자들이 힘들게 노동력을 제공해야 하는 사업이었다.

영주권과 법적 지위가 농촌의 풍경을 형성했다. 이

베리아와 이탈리아에는 소작농 제도가 있었는데 경제적으로는 아주 부담스러웠지만 그렇다고 해서 자유를 잃어버리는 것은 아니었다. 이러한 제도는 종종 농민과 교회 기관 사이에 존재했고, 이것은 북부와 중부의 이탈리아에서 발급된 10세기의 허가장을 보면 분명하게 알 수 있다. 북부와 동부 잉글랜드, 그리고 새로 정착된 포메라니아와 리보니아의 땅에는 자유농민들이 많이 있었다. 상업화가 크게 진작된 지역에서는 농노들의 채무가 종종 현금 지불로 바뀌었고, 이 때문에 농민들은 현금을 확보하기 위해 농산품이나 가정의 노동력을 동전과 맞바꾸어야 했다. 중세 말에 이르러 서유럽에서는 농노들의 예속이 많이 완화되었고 많은 농민들이 그들의 영주와 고정된 조건의 임의적 계약을 맺었다. 그러나 중부와 동부 유럽에서는 사정이 정반대였다.

농산물에 대한 수요는 현지 주민뿐만 아니라 도시나 왕궁 같은 부유한 인구의 대규모 집중 지역에서도 나왔다. 파리의 배후지인 일드프랑스는 거기서 생산된 와인과 고기를 오로지 파리에만 내다 팔았다. 1300년에 이르러 잉글랜드 남부 전역은 나무, 고기, 야채 등을 런던 시장의 수요에 맞추어 내놓았다. 이 무렵 귀족, 주교, 수도원장들은 도시의 거주지에 투자했다. 클뤼니 수도원장의 저택은 현재 국립중세 박물관이 되어 있다. 런던에 있던 캔터베리 대주교의 저택은 람베스 궁인데 템스 강 남안에 있었다.

대재앙이었던 흑사병 이후 식량에 대한 수요가 폭락하자 영주들은 농업에서 시선을 돌려 어업, 광업, 아마 재배 등 다른 자원을 활용하기 시작했다. 고원 지대는 이런 변화의 영향을 받았는데 영주들은 웨일스, 카탈로니아, 매시프 센트럴, 아펜니노 산맥, 피레네 산맥 등지에 새로운 투자를 했다. 이러한 변화는 좀 더 집중적인 울타리 치기와 인클로저(enclosure: 목양을 위하여 공유지 등을 울타리로 싸서 사유지로 하기)를 가져왔고, 농촌의 공동체 생활에 피해를 입혔다.

삼림지

들판에서 곡식을 생산하는 것은 바쁘고 다양한 농업 경제의 일부분이었다. 들판과 삼림지는 인간과 동물이 함께 살 수 있는 거주지를 마련해주었다. 삼림지는 울창하고 어두운 곳으로 종종 상상되는데 스칸디나비아와 북동부 유럽의 삼림지는 그러하지만 나머지 지역의 숲은 활동이 많고, 또 시끄러웠다. 남녀노소 구분할 것 없이 나무 밑의 풀, 고사리, 가시금작화, 고사목 가지 등을 주워서 난방이나 취사용으로 썼고, 아니면 이엉, 울타리, 바구니 만들기, 건축용으로 사용했다. 삼림지에는 개활지가 많이 있었고, 또 기타 형태의 경작이 공존했다. 숲을 관리하는 데에는 손길이 많이 갔다. 숲의 규모를 일정하게 유지해야 하고, 또 나무들을 건자재에 적합한 크기로 키워야 했다. 대성당의 지붕에 들어간 목재들은 숲속에서 아주 세심하게 관리하면서 키운 거목들이었다.

여러 세기 동안 학자들은 로마제국의 통치가 멸망하면서 유럽은 숲으로 '회귀'하여 그 속에서 살았다고 상상했다. 이것은 우리가 위에서 쇠퇴와 상실의 시기라고 규정했던 400~600년의 시기에는 맞는 말이다. 그러나 고고학과 역사적 생물학의 합동 연구 결과는 좀더 복잡한 그림을 내놓는다. 건설공사와 토목공사를 위한 국가 주도의 수요가 사라진 상태에서 나무의 관리와 사용은 생계를 유지하기 위한 사업으로 바뀌었다. 여기에는 현지 공동체가 적극 참가했고, 또 입법가들도 지원했다. 도시 주민들의 식량 수요가 줄어들면서 일부 들판은 삼림지로 바뀌었다. 마찬가지로 국가

주도의 광업이 중단되자 토스카나의 마렘마 같은 곳에서는 예전의 채광장이 삼림지로 바뀌었다. 이탈리아의 많은 지역에서 쓸모가 많은 밤나무가 도입되었다. 이 나무는 건축용 목재로 탁월하고, 목탄으로 쓰기에도 좋고, 또 맛 좋은 열매는 먹기도 하고 빵가루로 활용되었다. 밤은 사과, 배, 호두와 함께 사람들에게 훌륭한 영양분을 제공하는 과일이었다.

삼림의 개발은 유럽 전역에서 다른 속도로 진행되었다. 600년경에 아펜니노 산맥의 프라토 스필라 마을의 주민들은 건초를 키우기 위해 삼림의 일부를 개간했다. 이 고원 삼림은 겨울이면 눈으로 덮이기 때문에, 주민들은 봄과 여름에만 방목지로 사용했다. 불을 놓아 개간하면 효과가 신속했지만 위험하기도 하고 낭비 요소도 많았다. 그래서 로타르 1세 왕은 840년의 법령에서 삼림지에 불 놓는 것을 금지하면서 위반한 자는 매질을 하거나 모욕적인 머리 면도에 처한다고 위협했다. 도끼로 개간하는 것은 속도가 느렸지만 더 안전했다.

삼림지의 한가운데에는 목탄 제작과 금속 작업 등 산업도 있었다. 집안의 벽난로에서 안전하게 잘 타는 나무—타닌 성분이 높은 밤나무—는 목탄으로 만들었다. 대장장이들은 목탄을 사용하여 금속 작업에 필요한 뜨거운 불을 만들어냈다. 중세 후기에 이르러서 대장간은 마을 정착지의 일부가 되었다. 목탄에 대한 수요는 도시에서 특히 높았는데, 나뭇가지나 장작보다는 훨씬 안전했기 때문이다. 영주들의 연결망도 삼림에서 생계를 유지하는 데 영향을 미쳤다. 800년에서 1000년 사이에 캄파니아의 밤나무 숲들은 영주들의 합의에 의해 그 숲에서 발생한 수익의 3분의 1을 숲의 주인에게 지불했다.

우리가 이미 살펴본 바와 같이 1000년 이후의 인구 증가는 식량 수요를 증가시켰다. 도시의 많은 인구들을 먹여 살려야 했고, 그래서 삼림의 범위는 영주들에 의해 재평가되었다. 삼림지는 점점 규제되었고, 1200년에 이르러 큰 삼림지는 법에 의해 숲(foris, 밖)으로 구분되어서 오로지 영주만 전적으로 사용할 수 있었다. 왕들, 종교 시설들, 세속의 영주들은 그들의 삼림지를 규제하려 했으며 그런 노력은 삼림 관리인, 삼림지기, 숲 관리인(verdiers) 등의 방대한 관료 조직을 만들어냈다. 1300년에 이르러 프랑스 왕은 하천과 숲 관리자들(maitres des eaux et forets)을 두어 관리했다.

삼림 환경의 관리는 지속 가능성과 상업적 수익에

초점을 맞추었다. 또 숲속 사냥이 귀족과 그 추종자들의 특별한 여가 활동이었으므로, 여가와 오락의 공간도 별도로 마련했다. 사냥과 덫 놓기는 숲에서 여우와 해충을 제거하기 위한 정기적 활동이었으나, 새들과 사냥개를 동원하여 하는 사냥은 부자와 한가한 사람들의 특권이었다. 매 기르기는 장기간의 훈련과 전문 지식이 필요한데, 웨일스에서 마요르카에 이르기까지 전 유럽에서 이를 다룬 논문들이 쏟아져 나왔다. 튜턴 기사들은 흰바다매를 포획하고 훈련시켜서 전 유럽의 귀족 가정에 판매했다.

그러나 행정과 사냥의 손길이 미치지 않는 주변부의 삼림지가 언제나 있었다. 이곳은 상상력이 활개 치는 곳이 되었고 숲 속의 많은 곳에 대체적 사회가 있다고 상상되었다. 이런 숲에서 사나운 동물이나 환상적인 사람을 만났다는 소설 속 얘기는 순전히 공상의 소치는 아니었다. 숲은 곰, 늑대, 여우, 들고양이의 집이었다. 암말들은 임신 기간 동안 여기서 살았고, 또 출산하면 거기서 새끼를 돌보도록 놔두었다. 숲은 세속에서 탈피하려는 은자를 끌어들였지만 동시에 법망을 피하려는 사람들도 찾아들었다. 유럽에서 가장 사랑받는 영웅의 하나인 로빈 후드는 셔우드(Sherwood) 숲에서 은거한다고 상상되었다.

물과 수로

음료와 음식, 산업, 위생 등 물은 인생의 모든 영역에서 필수적이다. 고대 로마의 속주들에서 사람들은 수도교, 목욕탕, 수도관, 운하 등 물의 공급과 관련된 공공사업으로부터 혜택을 받았다. 교회들은 건물의 안뜰에 샘물(atria)을 설치했는데 생명과 순수함의 상징을 풍부하게 담은 환영받는 장치였다. 냇물에서 빨래는 할 수 있었지만 도시와 대규모 용지의 가정 내 물 공급을 위해서 종종 토목공사를 실시했다. 생활의 다른 분야들과 마찬가지로, 이런 전통은 중세 초기에 주교와 공공관리들이 담당했다. 교황 하드리아누스 1세는 로마의 수도교들을 유지했고, 1세기 뒤 르망의 주교들은 그들 도시 내의 수도교를 보살폈다. 종교 기관은 가정 내 물질문화의 다른 측면들을 보살핀 것처럼 수질을 유지하는 데에도 앞장을 섰다. 랭스의 주교 리고베르(Rigobert, 사망 743)는 대성당 소속 사제들에게 수도관으로 물을 공급했고, 쿠트위크라는 플랑드르의 마을에서는 1000년경에 각 가정이 우물을 하나씩 갖고 있었다. 목욕은 드문 일이었으나 중세 사람들은 얼굴과 손을 정기적으로 썼었다. 12세기에 이르러 시토 수도원들은 그들이 사용할 물을 개발하는 데 선도적으로 나섰다. 이 수도원의 특징은 강 옆에다 건물을 짓고, 또 변소에서 발생한 하수는 흐르는 물로 씻겨나가도록 조치한다는 것이었다. 그들은 또 옥수수 알을 갈고 양털의 올을 배게 하는 데도(양털 옷감을 나무 방망이로 때릴 경우) 수력을 이용했다.

유럽은 강의 도움을 많이 받았다. 강은 동서남북으로 연결되어 있어서 화물과 사람이 손쉽게 여행할 수 있었다. 플랑드르의 소도시 사람들을 먹이는 발트 해 연안지대의 곡식은 비스툴라 강을 따라 수송되었다. 내륙의 하항들은 노리치나 야무스 같은 바다 항구들과 연결이 되었고 두 중심지가 서로 번창하도록 도와주었다. 파리, 런던, 쾰른, 로마 등의 대도시는 강이 도시를 관통했다. 많은 다리들이 로마식을 본떴다. 피렌체의 베키오 다리 또한 그러한데 푸주한의 목조가게 등 최근에 지은 건물들도 더러 들어서 있고, 이것들은 홍수가 나면 떠내려갔다. 도시에 다리를 짓는 사업—가령 1357년에 건설이 시작된 프라하의 카를 다리—은 통치자들이 주도하는 사업이었다.

강은 위험을 가져오기도 했다. 동서로 연결되는 유럽의 강을 통하여 바이킹은 9세기와 10세기에 잉글랜드, 프랑스, 발트 해 지역, 그리고 현대의 우크라이나 깊숙이까지 침투해왔다. 백년전쟁 때의 잉글랜드군에서 볼 수 있듯이, 침공군은 강을 이용하면 해안에서 파리까지 쉽게 들어올 수 있었다. 강은 정기적으로 범람했다. 다뉴브 강이 1194년에 범람했을 때에는 오스트리아의 사람과 가축 모두에게 재앙이었다. 사람들은 넘어져서 강물에 추락하기도 했다. 15세기 잉글랜드의 필사본에 묘사된 소년은 암소 떼에 몰려서 템스 강으로 추락했다. 동부 잉글랜드와 저지대 국가들에서 치수 사업과 관개 사업의 책임을 분담하는 아주 정교한 조치들이 정착되어 있었다. 북부 독일과 폴란드에서 새로운 정착촌들이 들어서면 이러한 플랑드르의 전문기술이 원용되었다.

시골에서 강과 수자원에 대한 접근은 영주에 의해 규제되었다. 어떤 구간은 영주의 가정만이 사용하는 것으로 제한되었고 다른 구간들은 소속 임차인들에게 개방되었다. 강에서 천렵하는 것은 일부 가정에는 생계수단이면서 동시에 사업이기도 했다. 통치자들은 어업권을 하나의 재산으로 관리했다. 롬바르드족의 왕인 데시데리우스(Desiderius, 786년 사망)는 어업권을 총신들에게 나누어주었다. 카롤링의 관리들은 798년 파르파(Farfa, 중부 이탈리아)의 수도자들에게 그들의 어장(漁場) 권리를 보호해주었다. 10세기에 파비아의 어부 연합은 왕을 상대로 어업권을 협상했다.

연어 같은 고기는 바다와 강을 왕복 여행했는데, 영주들은 중요 구간에 어망을 놓아 이런 고기들을 포획했다. 계절과 기독교 달력이 그 일에 일정한 리듬을 부여했다. 사순절 내내, 그리고 연중 금요일에 기독교인들은 고기를 먹지 않았다. 그리고 바다로부터 예기치 않은 선물이 나오기도 했다. 13세기에 기록된 『락스다엘라 전설Laxdaela Saga』은 아이슬란드의 생활이 헤브리디즈 제도의 그것보다 낫다고 묘사하고 있다. 아이슬란드 해안에는 많은 고래들이 표류해온다는 것이다. 고래 한 마리는 한 가정을 겨울 내내 먹일 수 있었다. 또한 아이슬란드에는 물고기가 풍부했는데 특히 연어가 많았다.

제6장

'타자'의 '중세'

———

  유럽의 단합은 강, 도로, 해안선 등의 운송수단과, 널리 퍼진 기독교 문화에 의해 촉진되었다. 기독교는 유럽의 풍경에도 영향을 미쳤다. 북부 유럽의 경우 여행자들은 멀리서도 높이 솟은 고딕풍의 대성당들을 볼 수가 있었다. 유럽의 도로에서는 성스러운 복장 혹은 참회하는 쇠사슬을 몸에 걸치고 걸어가는 개인들을 볼 수 있었다. 행렬들이 내는 찬송과 종소리 또한 소리의 장관을 이루었다. 심지어 도시에서도 그런 냄새를 맡을 수 있었다(그러나 사순절 때 도시의 거리에서는 고기 굽는 냄새가 사라졌다).

  유럽의 정체성은 유럽이 적극적으로 옹호하는 것 못

지않게 거부하는 것에 의해서도 결정된다. 그리하여 공포와 불안, 증오와 혐오의 대상들이 이 역사의 한 부분을 형성한다. 기독교는 구원에 의한 희망, 구제로 가는 길 등의 메시지를 가르친다. 기독교 단체 밖에 있는 사람들은 죄악 속에서 살아갈 수밖에 없고 그들 자신뿐만 아니라 남들에게도 위협이 된다. 카롤링 신학자이며 궁정신하인 흐라바누스 마우루스(Hrabanus Maurus, 780경~856)는 이교도의 신들을 악마라고 규정했다. 이 악마는 "사람들에게 신전을 지으라고 설득할 수도 있고… 그 자신을 위한 제단을 지으라고 하고서 그 위에 동물이나 사람의 피를 뿌리라고 요구하기도 한다." 기독교화를 통하여 예전의 사회적 관습들은 사라졌으나 부분적으로 기독교권에 편입되기도 했다. 개종 후의 1세대들은 기독교 예식과 이교도의 방식을 공존시키려 했다. 헝가리 통치자 게자(997 사망)는 972년에 기독교로 개종하고서 백성에게 개종을 권했지만 동시에 "전능하신 하느님과 기타 잡신들에게 희생을 바쳤다." 우리가 이미 살펴본 바와 같이, 그의 아들 스테판(1038 사망)은 1000년부터 헝가리의 왕으로 다스렸는데, 기독교를 열성적으로 믿고, 또 성모 마리아에게 헌신한 성인으로 경배되고 있다.

대부분의 유럽 지역에서 중세의 일정한 시기에 기독교인들은 비기독교인들과 싸움을 벌였다. 이 두 그룹 사이에는 친족의 패턴, 음식과 의복 — 일부다처제, 금지된 음식의 섭취 — 의 뚜렷한 차이가 있는데다 서로 폭력적 갈등을 일으키면서 '타자'라는 강력한 인식을 만들어냈다. 이런 인식은 시, 그림, 논문, 연대기 등에서 잘 묘사되어 있다. 파리에서 교육을 받은 사제인 웨일스의 제럴드(1146경~1223경)는 아일랜드인과 웨일스인의 기이함을 다룬 네 권의 책을 썼는데, 문명된 앵글로-노르만 정체(政體)의 바깥에 있는 이 민족이 아주 야만적이고 이해할 수 없다는 내용이었다. 기독교와 이슬람의 만남도 『롤랑의 노래Chanson de Roland』라는 영웅시 속에서 강력하게 묘사되어 있다. 이 시는 그 속에 묘사된 사건 — 778년에 피레네 산맥에서 벌어진 롱스보 전투 — 만큼이나 오래되었다. 이 시 속에서 샤를마뉴와 그의 부하들은 과감한 무슬림 지도자, 현명한 조언가, 기독교로 개종한 여자들 등 서로 다른 무슬림 타입들과 만나서, 무모하다 싶을 용감한 행위를 벌인다. 기독교군과 무슬림 군 사이의 전투를 주제로 한 문학 전통(즉 변방의 발라드와 기적 이야기들)은 무슬림의 마지막 요새인 그라나다가 1492년에 함락될 때까지 계속 유지되어 왔다.

그러나 모든 타자성이 변방지대에서 혹은 무력충돌에 의해서만 체험된 것은 아니었다. 파리의 한 연대기 작가는 1427년 파리 북부의 생드니 시장에 나타난, 검은 피부, 검은 머리, 아주 가난한 가정들로 이루어진 어떤 집단을 묘사한다. 이것이 이 유목 집단을 언급한 최초의 기록이다. 그 집단의 기원은 인도의 구자라트일 것으로 추정되는데, 이들은 집시, 이집트인, 보헤미언, 지탄(gitanes) 등 다양한 이름으로 불렸다.

유럽에서 기독교인과 유대인 사이의 관계는 오래되고 복잡한 것이다. 유대인의 삶은 거룩한 텍스트에 바탕을 두고 있는데 기독교인은 그것을 구약성경이라고 부른다. 이 히브리어 텍스트—4세기 후반에 성 제롬(St Jerome, 347경~420)에 의해 라틴어로 번역됨—는 기독교인들에게 기독교적 역사를 예언한다. 이삭의 희생은 십자가 위의 죽음의 예표이고, 불타는 나무떨기는 마리아의 오염되지 않은 처녀성의 이미지이다. 성 아우구스티누스는 구약성경을 유대인과 기독교인을 이어주는 연결고리라고 보았고, 또 제국 내의 유대인을 관용함으로써 기독교적 진리의 살아 있는 증거로 삼고, 또 시간의 끝에 가서 개종할 사람으로 보아야 한다고 주장했다.

유대인은 로마의 도시들에서 살았고 거기서 기독교가 맹렬하게 퍼져나가는 것을 목격했다. 바바리언 통치자들이 그들의 기독교 왕국에 대한 법령을 반포할 때, 때때로 유대인에 관한 규정도 집어넣었다. 스페인의 서고트족 통치자들은 유대인에 대한 그들의 태도를 왕조의 정치에 반영했다. 레카레드(Recarred)는 589년에 유대인의 존재를 관용했다. 그러나 그의 후계자인 시세부트(Sisebut)는 유대인의 노동과 생계에 대하여 가혹하게 압박했다. 레케스윈스(Recceswinth) 왕은 681년에 유대인은 기독교로 개종을 하거나 아니면 유배를 떠나라고 명령했다. "그가 누가 되었든 머리를 면도하고, 1백 대의 채찍질을 받고, 유배에 따른 규정된 벌금을 내야 한다. 그의 재산은 왕의 금고로 이관된다." 이러한 법령은 몇십 년 후 무슬림이 이베리아를 정복하면서 취소되었고 무슬림은 유대인과 기독교인을 상당히 관용했다.

1000년에 이르러 경제와 도시가 발전함에 따라 유럽 남부의 유대인들이 북쪽으로 이주하여 론 강과 라인 강 근처에 정착했다. 거기서 그들은 농사를 짓거나 아니면 금속과 직물을 다루는 장인으로 일했다. 이 세기들에 신학적 논의가 활발하던 학문의 중심지들에서는 유대인에 대한 새로운 사고방식이 정립되었다. 기독교적 제도의 힘과 범위가 커지면서 어떤 민족이 기독교적 사회(societas christiana)의 바깥에 있는지 더욱 분명해졌다. 1096년 봄, 무장 순례대가 예루살렘의 그리스도 무덤을 '해방'시키기 위해 라인란트의 도시들을 통과할 때, 그들은 유대인을 '그리스도의 살해자'라고 생각하여 수백 명을 학살했다.

많은 새 수도원들과 대성당 학교들에서는 기독교의 기본적 개념이 토론되었다. "왜 신이 사람이 되었나(cur deus homo)?"라고 나중에 캔터베리 대주교가 되는 수도자 안셀름은 물었다. "하느님의 어머니인 마리아는 원죄에 저촉되는가?"라고 북부 프랑스의 투르네 주교인 캉브레의 오도(Odo, 1050~1113)는 물었다. "인간의 행동을 판단하는 데 있어서 의도는 어떤 역할을 하는가?" 파리의 독불장군 철학자인 피에르 아벨라르(Peter Abelard, 1079~1142)는 물었다. 기독교에 대하여 깊이 명상하는 사람들에게 유대인은 아주 특별한 논쟁 파트너였다. 유대인은 성경에 정통했지만 기독교의 유혹을 완강하게 거부했다.

이러한 토론은 필연적으로 유대인과의 논쟁을 가져왔다. 그들은 무염시태의 개념을 거부했고, 삼위일체는 일종의 우상숭배이고 물, 빵, 포도주의 신성한 위력을 이해하지 못했다. 유대인의 이런 사상은 무슬림이나 이교도와 마찬가지로 논쟁해서 혁파해야 할 대상이었다. 클뤼니 수도자인 가경자(可敬者) 피에르(Peter, 1092경~1156)는 유대인, 무슬림, 발데스파 이단자들을 비난하는 저서를 집필했다. 우리가 앞에서 이미 만나보았던 피터 알폰시 또한 무슬림과 유대인을 반박하는 저서를 썼다.

사상적 분야 이외의 곳으로는, 왕실의 궁정과 관료의 조직이 유대인에 대한 생각을 새롭게 했다. 왕실은 유대인과 그 부양가족에 대한 독특한 사법적·경제적 통제권으로 혜택을 보았다. 유럽의 여러 지역에서 유대인은 담보를 잡고서 돈을 빌려주도록 권장되었다. 1244년의 칙허장에서 오스트리아의 프리드리히 공은 상환되지 못한 대부금에 대하여 담보를 몰수하는 권리를 보장했고, 또 이런 집행에 반발하는 '폭력'으로부터 유대인을 보호하겠다고 약속했다. 잉글랜드와 프랑스의 왕들은 유대인을 사법 장관(sheriffs)과 가령(家令, seneschals)의 보호하에 두었다. 그리하여 유대인이 번성하면서 왕들은 그들의 이익을 공유할 수 있었다.

왕들은 이와는 다른 고려사항과 영향력에도 귀를 기

울여야 했다. 가령 유대인에게 빚을 지고서 그들을 추방하거나 그보다 더 못한 조치를 취하자고 불평하는 귀족들도 있었다. 13세기 초부터 교회의 새로운 역동적 세력인 프란체스코파와 도미니크파의 압력도 거셌다. 이 설교자들은 평신들의 종교적 열성을 부흥시키기 위해 종종 십자가형에 대하여 아주 드라마틱한 얘기들을 하기 시작했다. 그들의 참여적인 신앙심은 유대인을 하느님의 '살해자들', 그리고 당시의 기독교인들의 적으로 내몰았다. 유대인들이 어린아이를 죽였다거나 기독교의 성물을 의례 중에 모독한다는 새로운 이야기들이 만들어졌다. 설교, 거리 행렬, 종교적 드라마가 펼쳐지는 성주간에는 유대인에 대한 반감이 아주 높았다.

통치자들은 유대인 문제를 두고서 두 세력 사이에서 좌우로 요동칠 수밖에 없었다. 왕궁에서 그들의 개인 목사나 고해 신부로 봉사하는 탁발 수도사들은 유대인을 반대하는 로비를 맹렬하게 펼쳤고, 반대로 유대인의 봉사로부터 금전적 혜택을 얻고, 또 그들을 평화롭게 살도록 내버려두어 왕국의 법과 질서를 유지하고 싶은 욕망도 무시할 수 없는 것이었다. 또한 유대인 지도자들은 왕에게 애원하면서 추방 혹은 학대를 피하기 위하여 뇌물을 바치기도 했다. 이렇게 하여 유대인 정책은 통치자와 그의 환경에 따라서 시대별로 크게 달라졌다. 잉글랜드의 헨리 3세는 유대인을 적극적으로 개종하려 했고, 그의 아들 에드워드 1세는 기사들과 성직자들의 압력에 굴복하여 1290년에 유대인을 잉글랜드에서 축출했다. 1304년 유대인들은 프랑스에서 축출되었다가 그 후 되돌아왔고 1394년에 다시 축출되었다. 아라곤의 왕 피터 4세(Peter IV, 1319~1387)는 유대인 공동체를 보호해주었고 그러자 유대인들은 그의 지중해 원정에 군사 자금을 댔다. 하지만 그의 아들 존(John, 1350~1396)은 1370년대에 유대인들이 성사를 모독했다는 근거 없는 주장을 받아들였다.

흑사병 창궐 때 유대인이 우물에 독을 집어넣었다는 비난이 퍼지자, 유대인 축출은 더 빈번해졌다. 정치적 보호와 경제적 기회의 변화에 따라, 14세기와 15세기에 유대인 정착지는 서유럽에서 동유럽으로 이동했고, 그리하여 보헤미아와 폴란드-리투아니아에 대규모 유대인 공동체가 건설되었다. 유럽에 사는 유대인들의 운명이 가장 극적으로 바뀐 사건은 1492년 스페인에서 대규모로 발생한 유대인 축출이다. 1390년대에 이베리아 반도의 도시들에서 극심한 폭력 사태가 벌어지면서

10만 명 이상의 유대인이 기독교로 개종을 했다. 이 '새로운' 기독교인들은 물로 세례를 받았으나, 기존의 기독교인들은 계속하여 이 개종자들(conversos)을 의심했다. 양측의 긴장은 너무나 팽팽하여 카스티야의 왕들은 현지에 종교재판소를 개설하여 기독교로 개종하고서도 마음속으로는 여전히 유대교를 따르는 자들을 조사했다. 이런 단층선(斷層線) 상의 불신이 너무나 심각하여 페르디난드와 이사벨라─카스티야와 아라곤의 통합 왕국의 두 군주─는 아예 왕국으로부터 유대인들의 추방을 명령했다.

이렇게 하여 전 세계적인 디아스포라(유대인의 이산)가 시작되었다. 스페인을 떠난 유대인들은 북아프리카의 무슬림 왕국, 오토만 통치자들, 이탈리아의 도시들에서 수용되었다. 그들은 스페인계 유대인의 언어(ladino)를 사용했는데 이 유럽의 방언은 곧 글로벌 언어가 되었다. 그로부터 몇 십 년 뒤에는 무슬림에서 기독교로 개종한 자들(Moriscos)이 추방되었다.

스칸디나비아 같이 유대인들이 별로 알려지지 않은 고장이나 1290년 후에 추방 조치를 당했던 잉글랜드 같은 나라들에서도 유대인은 부재(不在)하면서도 유럽인의 상상 속에 존재하는 인물들이었다. 예수의 생애와 그의 어머니의 생애에서, 무엇보다도 십자가형의 묘사에서도 유대인이 존재한다. 히브리어 성경(구약성경)은 모든 기독교 예배에서 존재하고, 「시편」은 즐거움과 환난을 거쳐가는 기독교인들을 안내한다. 유럽과 그의 가장 친숙한 이웃이며 '타자'인 유대인 사이의 관계는 증오, 공포, 매혹으로 점철되어 있다.

제7장

우리의 일상생활 중의 '중세'

———

이제 여행의 마지막에 이르렀으므로 우리가 일상생활 중에서 당연하게 여기는 '중세'의 유물 몇 가지를 생각해보기로 하자.

대학

우리가 이미 살펴본 바와 같이, 중세의 학문은 광범위하고 다양했으며—대성당과 왕실, 수도원과 도시의 학교들—로마시대의 문과(文科) 교육 과정에서 큰 빚을 지고 있었다. 이 세상과 세상사를 이해하고 묘사하는 기본으로서는 수사학, 논리학과 문법, 산수, 기하,

음악, 천문학 등의 통합 교과가 제공되었다. 대성당 학교들은 학생들을 널리 받아들였으나 개인 교사가 학생들을 모집하는 경우도 있었다. 12세기에는 황제, 왕, 교황들의 후원으로 학문 중심지의 특화가 더욱 발달했다.

이 당시 이탈리아의 모든 도시에는 공증인들을 훈련시키는 학교들이 있었다. 파두아, 살레르노, 볼로냐 등지의 학교들은 11세기부터 의학과 법률의 직업적 훈련을 시켰다. 대규모 학교들은 멀리 떨어진 지역에서 온 학생들도 받아들였고 이런 교육의 수요 덕분에 대학이 생겨나게 되었다. 볼로냐의 학교들은 1155년에 프리드리히 바바로사 황제로부터 일련의 혜택을 수여받았고, 그리하여 대학(universitas)이 되었다. 이것은 학생들—대부분 외국 학생들이었고 공부하는 기간 동안 신변 안전과 그들이 낸 돈에 대한 값어치를 추구했다—로 하여금 일종의 길드를 형성하도록 했다. 이 허가받은 조직은 가르침의 조건과 품질을 감시했고, 또 수업료의 수준을 결정했다.

파리 대학은 다른 방식으로 생겨났다. 12세기 초부터 프랑스 왕국의 수도에 있는 노트르담 대성당은 문과 과정을 가르치는 유명한 학교가 되었다. 이 성당에

서 별로 떨어지지 않은, 센 강 좌안에 있는 다수의 중
요한 학교들은 유럽 전역으로부터 유명한 교사를 초
빙하고, 또 학생들을 모집했다. 가장 유명한 교사는 피
에르 아벨라르인데 우리가 변증법이라고 불리는 방
식을 완성한 교사이다. 변증법은 일정한 형식에 입각
하여 반대 명제들을 논의하여 얻어낸 철학적 명제들
을 분석적으로 탐구하는 방식이다. 이 학교들의 지적
환경은 유익했고 프랑스 왕의 야망 또한 원대한 것이
었다. 그것은 프랑스가 무역으로 국가 위상을 높인 것
처럼 학교들로 수도의 위상을 드높이겠다는 것이었
다. 프랑스의 필리프 2세(Philip II, 1165~1223)는 대학의
창립을 허가했는데, 이 대학은 학생들의 생활을 규제
하도록 허가받은 교사들의 길드를 의미하는 것이었
다. 1231년 교황은 파리 대학을 '지식의 아버지(parens
scientiarum)'로 인정해주었다. 13세기 말에 한 설교사는
이 대학을 가리켜 이렇게 말했다. "온 세상의 자양분
을 위하여 하느님의 밀이 갈아지는 제분소이다." 파리
대학은 특히 문과 과정이 유명했다. 강의를 통하여 기
본 텍스트를 제공했고 이어 변증법적 논쟁을 펼쳤는
데 특히 신학 연구가 뛰어났다. 그리하여 파리 대학은
유럽 전역으로부터 학생들을 받았는데 유학생들은 생

활 스타일의 차이와 경쟁 심리로 인하여 다음 네 나라로 구분되었다. 프랑스(중부와 남부 프랑스 및 이베리아), 피카르(북부 프랑스와 플랑드르), 잉글랜드(잉글랜드, 독일, 스칸디나비아), 노르망(브르타뉴 포함).

11세기부터 잉글랜드의 여러 도시들에도 학교들이 있었으나 더 좋은 교육을 받기 위해 잉글랜드의 학생들은 12세기에 파리 대학으로 몰려들었다. 1167년 잉글랜드 왕 헨리 2세가 잉글랜드 학생들의 파리 유학을 금지하자, 많은 잉글랜드, 스코틀랜드, 기타 북부 지역의 학생들이 옥스퍼드 학교에 입학했고, 1209년부터는 케임브리지에 들어왔다. 수십 년 뒤에 교황의 회칙이 내려와 두 학교는 대학교로 승격했다.

대학은 학위를 수여했고 그 학위는 명성이 높아서 유럽 전역 어디에서나 가르칠 수 있는 허가장으로 통했다. 대학은 의학, 교회법, 민간(로마) 법 분야에서 박사 과정에 이르는 최고 수준의 교육을 제공했다. 대학은 국가와 도시의 관리들, 가령 외교관, 판사, 세금징수원, 교회의 고위직(주교들과 때로는 교황) 등을 훈련시켰다. 여기서 우리는 도시생활과 교육이라는 오래된 전통에 의존하는 기관을 엿볼 수 있으며, 대학의 기본 교과과정은 고전 연구였다.

수천 명의 학생들이 입학하면서 대학 도시들을 활성화시켰고 숙박, 음식, 도서 등에 대한 수요가 창출되었다. 학생들은 개인이 운영하는 하숙집에서 살았고, 수도자와 탁발 수도자의 경우에는 교단이 운영하는 숙소에서 묵었다. 13세기 후반에는 파리 대학이 발명한 제도의 변형이 도입되었는데, 즉 대학 칼리지(the university college)이다. 칼리지는 높은 수준의 학위를 따려는 가난한 학생들을 지원하는 자선 기관으로 시작되었다. 창립자가 자금을 내놓은 칼리지는 도서관, 학생식당, 기숙사, 예배당을 갖추고 있었다. 학생들의 공동체는 같이 공부하고, 먹고, 기도하고, 또 종종 같이 비행을 저지르기도 했다. 이런 칼리지들 중에서 가장 유명한 것이 1441년 헨리 6세에 의해 창설된 케임브리지의 킹스 칼리지이다. 이 칼리지는 왕실 예배당에서 근무할 예정인 직원들을 훈련하는 것이 주된 목적이었다. 이 칼리지의 세계적인 합창단은 여전히 예배당에서 활동 중이며, 이 웅장한 예배당에서는 창설자의 뜻을 고맙게 여기는 학생들이 그 창설자의 영혼이 안녕하기를 빌면서 자주 기도를 올렸다.

14세기 중반부터 국가의 행정부에서 훈련된 인원을 요구하는 것이 점점 많아졌고, 그리하여 대학들의 소재지와 형태가 더욱 뚜렷하게 갖추어지게 되었다. 인력에 대한 요구와 후원자의 위광이 합쳐져서 학문의 전당으로서의 위신이 더욱 높아졌다. 가령 카를 4세 황제(Charles Ⅳ, 1316~1378)는 1348년에 프라하 대학을 창설했고, 폴란드 왕인 카시미르 3세(Casimir Ⅱ, 1310~1370)는 1364년에 크라쿠프 대학을 창설했다. 다른 군주들도 그들의 지역에 적합한 대학을 잇따라 세웠다. 밀라노의 통치자인 갈레아초 Ⅱ 비스콘티(Galeazzo Ⅱ Visconti, 1320경 ~1378)는 1361년에 파비아 대학을 창건했고 1472년에는 로렌초 데 메디치가 피렌체 대학을 피사로 이전시켰다.

남부 유럽에서 대학들은 민간인과 전문직이 참여하는 기관으로서, 성직자와 민간들이 반반 섞여 있었으나, 북유럽의 대학들은 이와는 대조적으로 순전히 종교적 기관이었다. 북부의 대학들은 학생과 교수가 모두 교단 소속이었으므로 교황청은 교과 내용을 통제했고 때때로 감사관 자격으로 교과과정에 간섭하기도 했다. 그리하여 고대의 저작들도 단속의 대상이 되었다. 가령 1210년에는 아리스토텔레스의 과학 저서들이 금지되었고, 1270년대에는 특정 명제들─가령 "하느님은 그 자신 이외에 다른 것들은 알지 못한다"─은 논의 대상에서 제외되도록 지시했다. 만약 이를 어길 경우 종교재판소에서 이단으로 재판을 받아야 했다. 하지만 학문적 자유에 대한 대부분의 공격이 그러하듯이, 이러한 단속은 결국 실시되지 못했다. 그리하여 1502년에 세워진 작센의 비텐베르크 대학에서 마르틴 루터(Martin Luther, 1483~1546)는 기독교를 새롭게 해석했다. 그의 주장은 널리 퍼져나가 종교개혁을 가져왔고 이 운동은 유럽의 종교 생활을 크게 바꾸어놓았다.

대학 교육은 강의 위주였고 교수는 강의 중에 기하학, 수사학, 철학, 신학 분야의 핵심 텍스트를 논평했다. 육필 원고의 삽화들은 오늘날의 강의실과 비슷한 층층 계단의 교실을 보여준다. 따분한 표정의 학생 옆에 열심히 노트를 하는 학생이 있고, 또 깊은 대화에 빠진 학생들도 있다. 오늘날에도 사용되는 명칭인 학사 학위(BA: Bachelor of Arts)를 파리 대학이나 옥스퍼드 대학에서 취득한 졸업생들은 교구의 목사, 교사, 왕실 행정부의 서기, 시청의 서기 등에 취직할 수 있었다. 졸업생들은 의사소통의 기술을 갖추었고, 또 그것을 기록할 수가 있었다. 그리하여 편지 작성이나 공식 문서 보관 그리고 설교문 작성 등의 일을 했다. 몇몇 졸업생들은 법률, 신학, 의학의 최고위(박사) 과정까지 올라갔고, 그리하여 고위 성직, 개인 사업, 왕실이나 군주의 수행원 등을 노려볼 수 있었다. 어떤 자리에 임명되기 위해서는 고위인사의 후원이 필요했는데, 어떤 대학 졸업생들은 정규직 자리를 얻기 위해 몇 년씩이나 기다려야 했다. 동창생들의 연결망이 작동하여, 이미 전문직 분야에 진출한 선배나 친척이 길을 놓아주는 경우가 많았다. 그때나 지금이나 대학 시절은 열심히 공부하고 열심히 노는 시기이다. 음악과 폭력, 성적 실험과 풍자 등이 우리가 갖고 있는 사료들 중에 뒤섞여 있다. 학생들은 늘 가난했으며 그리하여 친구들이나 후원자들에게 간절히 도움을 요청하는 감동적인 편지를 쓰는 기술이 필요했다. 그들은 술도 많이 마시고 노래도 많이 불렀다.

　대학에서는 학문의 문화와 청년 문화가 서로 만났다. 젊은 시절에 맺어진 우정은 생애 후반에 그들에게 큰 도움이 되었다. 학사들은 기본적으로 라틴어 교육을 받았고, 이는 유럽 전역의 교양인들은 전문 언어를 공유하고 또 지적 습관과 도구가 동일하다는 뜻이기도 했다. 라틴어 교육은 아주 실용적인 것이었다. 우선 편지를 작성하는 스타일이 똑같았고, 모두에게 알려져 있는 고대의 도덕적 이야기들을 인용하고, 또 문제에 접근하고 해결하는 방식도 공유했다. 이런 통일성이 19세기까지 교양인들의 특징이었다. 그러나 여자와 다른 덜 혜택 받은 계급이 고등교육을 받기 시작하고, 20세기의 민주 정치가 대학의 교과과정에 대해서 의문을 표시하고, 과학적 교과과정이 교사/학생의 관계를 바꾸어 놓으면서, 과거의 고전 교육이라는 유산은 현대의 대부분 대학들에서 바뀌게 되었다. 하지만 그 교과과정이 알아볼 수 없을 정도로 통째 바뀐 것은 아니었다.

대학에 진학하기 위해 젊은이들은 그들의 집과 고향을 떠나와 가난하게 살면서, 필경사, 비서, 임시 목사 등 온갖 궂은 일을 다 해야 되었다. 학생들은 그들의 기술과 인맥을 잘 활용했다. 그 인맥은 그들이 거쳐가는 다양한 경력에서 언제나 힘을 발휘하는 유익한 힘이었다. 대학생이 되려면 먼저 후원자—교구의 주교, 그들이 태어난 장원의 영주, 혹은 부유한 친척—의 추천이 있어야 했다. 그러나 많은 학생들이 가난했고 앞날의 전망에 대하여 확신하지 못했다. 사회에서 가장 저명한 사람들은 그들의 자제를 대학에 보내지 않았다. 하지만 대학에는 똑똑하고 활기찬 젊은이들이 많이 몰려들었다. 1~2년 다니다가 중퇴한 사람들도 그걸 바탕으로 생계를 벌 수 있었다. 그때나 지금이나 변하지 않은 것은 이 학문의 전당에서 젊은 청년 문화가 형성되고, 또 사회적 유동성의 가능성이 배양된다는 사실이다.

인쇄된 책들

오늘날 전자책으로 독서를 하는 사람들이 많지만 그래도 우리는 책을 사랑하고 앞으로도 그러할 것이다. 책의 형태는 중세가 만들어낸 가장 놀라운 발명품 중 하나이다. 고대 세계는 점토판이나 쉽게 지울 수 있는 왁스판 등 물질의 표면에다 글자를 기록했다. 그리스인과 로마인들 또한 건조한 지중해 지방에서 잘 나는 파피루스 같은 내구성 있는 부드러운 물질 위에다 글을 썼다. 그러나 코덱스(codex, 책의 형태로 된 고문서) 혹은 책—페이지를 독립적으로 떼어낼 수 있는—은 기독교의 전파와 밀접한 관계가 있는 발명품이다.

책은 신약과 구약에 바탕을 둔 기독교를 상징한다. 기독교 전통의 핵심적 인물들은 언제나 책을 들고 있는 모습으로 묘사된다. 가령 마가, 마태, 누가, 요한 등의 4복음 기자와 교회의 아버지인 성 아우구스티누스도 책을 든 모습으로 널리 알려져 있다. 책은 점점 더 전례나 개인 예배 등 성경의 보존과 활용을 위한 목적으로 이용되었다. 복음은 개종의 시기에 통치자들에게 주는 선물이었는데 가령 성 아우구스티누스의 복음이 그러하다. 이 복음은 로마에서 잉글랜드로 선교사들을 파견할 때 주어 보낸 것이었다.

책들은 유익했고, 또 상징적 의미를 갖고 있었다. 서기 1000년 이전에 대부분의 책들은 수도원이나 대성당의 도서관, 그리고 왕실의 보물 창고 등에 보관되어 있었다. 왕궁은 종종 지방으로 옮겨 다녔는데 계절에 따라 소재지가 달라졌다. 그럴 때마다 중요한 책들은 궤짝에 넣어져 이동되었고 왕실 목사가 그 관리를 맡았다. 책들은 상아, 귀금속, 좋은 가죽 등으로 만들어진 값비싼 제본으로 보호되었고 종종 보석과 진주로 장식되기도 했다. 책들의 내용은 종종 수도원 식당에서 식사 중에, 귀족들의 연회장에서, 개인 예배당 등에서 목사들에 의해 큰 목소리로 낭독되었다. 책은 중세 말기에도 진귀한 물품이었으나 중세 말기에 인쇄술이 발명되면서 책의 편재성·가시성·접근성이 획기적으로 높아졌다.

종교 서적이나 부자들의 오락이나 여가를 위해 만들어진 책들은 아주 화려하게 장식되었다. 카스티야의 왕 알폰소 10세(Alfonso X, 1221~1284)의 요청에 의해서 제작된 성모 마리아의 기적에 관한 13세기의 수고본(手稿本)은 운문으로 된 갈리시아어 텍스트인데, 각각의 페이지는 텍스트에 그 주석에 대한 삽화가 아주 풍부하게 들어 있다. 이보다 덜 화려한, 실용 목적의 책들이 수천 권 후대에 전해지고 있다. 대학에서 공부하기 위한 텍스트, 사목활동을 위한 교구 목사용 매뉴얼, 법률 책, 의학책, 공부용 성경 등이다. 이런 책들은 작은 글자로―때때로 필기체― 필사가 되었고 장식이 전혀 없었다. 이런 공부용 책에는 13세기부터 색인과 주제별 찾아보기가 첨가되어 금방 필요한 부분을 찾아볼 수 있게 했는데, 이런 찾아보기 시스템은 오늘날에도 그대로 이용되고 있다. 찾아보기는 각 장의 맨 앞부분을 붉은 글씨―루브릭(rubric)이라고 하는데 붉은 잉크로 표시된 데서 이 말이 나왔다―로 표기하고, 페이지의 여백에다 주석과 용어해설을 실었다. 이런 찾아보기도 오늘날 번역되어 전자책으로 볼 수 있게 되었으니 참으로 격세지감을 느끼게 된다.

책의 제작은 고된 과정이었다. 양피지와 잉크는 값비싼 물품이었고―1300년경에 소형 공부용 성경을 만드는 데는 약 35마리 양의 껍질이 필요했다― 소수의 사회적·전문적 집단만이 책을 소유할 수 있었다. 책들은 너무 소중한 품목이어서 그 소유주가 유언장에 언급하여 가문에서 대대로 물려지도록 했다. 종교용 책자는 삽화나 그림이 들어 있었는데 이런 책들은 특히 값비싼 것이었다. 교양인이나 성직자들의 책 수요가 높아지자 장인들은 다량의 책을 재생산할 수 있는 효과적인 방법을 고안해냈다. 은세공사들—은을 세공하는 전문가들—이 그 앞길을 열었다. 요하네스 구텐베르크(Johannes Gutenberg, 1395~1468)는 마인츠 시의 금 세공사였는데, 그 당시 종교적 문화와 관련된 여러 창의적인 모험을 실험해본 실험가였다. 그의 발명품 중에서 텍스트를 인쇄할 수 있는 이동 활자는 가장 위대한 발명이었다. 그는 1455년 최초의 인쇄본 성경을 만들어냈다.

그 나머지 이야기는 이제 역사가 되었다.

노래

14세기에 들어와 라틴어와 속어, 종교와 민간 전통, 북부와 남부 등의 여러 가지 전통으로부터 두 편의 위대한 장편 서사시가 작성되어 위대한 세계 문학의 정전으로 자리 잡았다. 이 두 작품은 시인의 비전과 문학적·신학적·정치적·과학적 지식의 방대한 총합이 상호작용하여 빚어낸 결과였다. 두 작품은 위대한 사업이었고, 그들의 소속 언어—하나는 토스카나어, 다른 하나는 영어—가 문학적 표현의 수단으로 완성되는 계기가 되었다. 두 작품은 알리기에리 단테(Alighieri Dante, 1265경~1321)의 『신곡Divina Commedia』과 제프리 초서의 『캔터베리 이야기The Canterbury Tales』이다. 두 장편 시는 여행을 주제로 삼고 있다. 『신곡』은 단테가 시인 베르길리우스의 도움을 받아 지옥, 연옥, 천국을 여행한 것을 기록한 작품이다. 『캔터베리 이야기』는 한 무리의 순례자들이 서더크(Southwalk)를 출발하여 캔터베리에 있는 성 토머스 베케트 사당을 여행하는 이야기이다. 두 작품은 인간의 가치와 취약성, 위대한 인물들이 감동을 주고 모범이 되는 사례에 대하여 깊이 명상한다.

중세시대의 시인들은 여러 가지 전통의 계승자였다. 그들은 고대시대로부터 전쟁, 사랑, 권력의 야심찬 서사시를 물려받았다. 그런 서사시들 중에 가장 유명한 것이 베르길리우스의 『아이네이스Aeneid』인데 라

틴어를 공부한 학생들은 모두 이 작품을 잘 알고 있었
다. 성경은 「시편Psalms」을 통하여 아름다운 시의 구조
와 이미지를 가르쳤다. 또한 시는 성직자나 평신도들
의 일상적 전례에서 중요한 부분을 차지했다. 유럽 전
역에서 구전시의 전통이 고전 작품과 성경의 텍스트
와 상호교차적으로 스며들었는데, 이런 관습은 특히
아이슬란드, 아일랜드, 웨일스에서 강력했다. 알-안
달루스(무슬림 통치하의 이베리아 반도)도 아랍어 시가의 절
묘한 문화를 만들어냈다. 이 시가의 소리와 리듬은 차
례로 유다 하-레비(Judah ha-Levi, 1075경~1141)의 히브리
어 시에 영감을 주었고, 또 오키타니아의 음유시인들
의 음악에도 영향을 미쳤다. 구어로 지어진『롤랑의 노
래』같은 서사시는 전통적으로 영웅들의 행적을 기록
했는데 귀족들은 이런 시를 듣고서 즐거워했다.

프랑스와 스페인 사이의 지역—오키타니아—은 12세
기 초부터 시와 노래의 기본 분위기를 설정했는데, 이
것은 후대의 시가들에 하나의 기준점이 되었다. 시와
음악은 하나로 합쳐졌고 그 주제는 사랑이었다. 인간의
느낌, 생각, 목소리는 음유시인(troubadour)의 작품에서
하나로 통일되었고 이 음유시인들은 사랑의 고통과 동
경을 온갖 측면에서 노래했다. 유럽의 연애시는 그 후

약 1천 년 동안 유럽의 전통에서—나중에는 세계 문화
에서—생생하게 살아남았다. 연애시는 아마추어와 전
문가, 남자와 여자에 의해 제작되었고 기록된 종이 위
에서 혹은 공연 속에서 재연되었다. 이처럼 사랑을 노
래하는 시인과 노래는 작사가 밥 딜런과 가수 존 바에
즈처럼, 트루바두르(trubadour)와 트로베리츠(trobairitz)라
고 했다.

동시에 유럽의 종교적 지식은 라틴어에서 각국의 자
국어로 번역되었는데 이는 평신도들의 생활을 더욱
풍성하게 하려는 것이었다. 12세기에 잉글랜드의 수
도자들이 모아놓은 성모 마리아의 기적들은 그다음
세기에 잉글랜드, 프로방스, 카스티야, 북프랑스 어로
번역되었고, 그 후에는 다시 아이슬란드어와 헝가리
어로 번역되고, 또 노래로도 만들어졌다.

남부 프랑스의 백작과 공작의 궁정에서 발전한 동
경의 노래들은 파격적인 가사와 소리를 결합시켰다.
이렇게 된 것은 이 지역이 전쟁, 통치자의 강압, 단절
을 강조하는 세계인 무슬림 스페인과 끊임없이 접촉
했기 때문이다. 그 후 북부 프랑스와 잉글랜드에서 라
틴어 교육을 받은 사람들이 노래를 지었는데 여성을
칭송하면서도 객관화하는 주제를 적절히 뒤섞은 노래

중세

였다. 이것이 다시 궁정 연애라는 문화적 스타일로 발전했는데, 궁정 연애에서 여자들은 욕망의 대상이면서, 남자들이 싸워서 쟁취해야 하는 대상이었다. 그런 만큼 여성은 저 멀리 떨어져 있는 잔인한 존재로 인식되기도 했다. 궁정과 노래의 세계에서 여성은 연애시의 뛰어난 후원자이면서 격려하는 존재였다. 궁정 연애는 상상적이고 희망적인 것이었으나 남자와 여자의 상호작용, 구애와 로맨스의 예절 등에 영향을 미쳤고, 이러한 유산은 현대 문화의 많은 장르에서 메아리 치고 있다.

시와 노래는 영웅담의 풍성한 유산과 결부되었는데, 그 영웅담은 브리튼의 통치자인 아더 왕을 중심으로 발달하여 유럽 전역의 다양한 언어로 퍼져나갔다. 노르만 족이 다인종 지역인 잉글랜드를 점령하면서 생겨난 치열한 뿌리 의식과 인종의식을 바탕으로 하는 브리튼의 전통들은 역사로 다시 씌어졌다. 만머스의 제프리의 「브리튼 왕들의 역사*History of the Kings of Britain*」는 웨일스어와 라틴어 사료를 바탕으로 한 것인데 트로이 전쟁 이후 브리튼에 정착한 트로이 사람들의 역사적 이야기를 서술하면서 아더 왕 시대에 이르는 복잡한 계보를 추적한다.

궁정은 생활 양식, 종교적·문화적 흐름에 영감을 주고, 또 풍습에도 영향을 주었다. 궁정은 사치품과 문학을 생산하고 과시하는 곳이었다. 특히 시는 남녀 청중의 즐거움을 위해 암송되면서 공연되고, 또 때로는 노래로 불리기도 했다. 궁정은 아더 왕의 전설을 연극으로 공연하기 시작했고, 그 전설이 묘사하는 경쟁, 사교성, 상사병, 젠더 역할 등을 경쟁하려 했다. 사람들은 아더 왕 전설 속의 유명인사들—아더, 랜슬롯, 귀네비어—의 이름을 가져와 자신들의 이름으로 삼기 시작했고, 그들을 중심으로 한 마상 시합과 축제를 조직했다.

이러한 놀이정신은 여러 세기 동안 유럽 엘리트들의 특권이었고 20세기에 들어와서는 글로벌한 놀이마당을 마련해주었다. 중세 로망스의 궁정노래는 구애, 동경, 세상의 청춘에 대한 자기 이해(理解) 등의 언어를 제공했다. 그것은 또한 역할놀이, 게임, 문학, 영화 등을 통하여 상상력의 광대한 공간을 채워주고 있다.

이제 당신은 이러한 것들이 어떻게 생겨났는지 알게 되었다.

중세

참고문헌

제2장 중세 사람들과 그들의 생활 양식

베로나의 라더 주교: *Opera minora(Minor works)*, ed. Peter L. D. Reid (Turnhout: Brepols, 1976), 5; 아일랜드 풍자시: *Early Irish Satire*, ed. Roisin McLaughlin (Dublin: Dublin Institute for Advanced Studies, School of Celtic Studies, 2008), 149.

수도자 클레어의 오스버트: Jacqueline Murray, 'One Flesh, Two Sexes, Three Genders?', in Lisa M. Bitel and Felice Lifshitz(eds.), *Gender and Christianity in Medieval Europe: New Perspectives* (Philadelphia: University of Pennsylvania Press, 2008), 52-75, at p. 43; 시에나의 카타리나, Raymond of Capua, The *Life of St. Catherine of Siena*, trans. George Lamb (London: Harvill Press, 1960), 61.

하르트만 폰 아우에: Elizabeth Archibald, *Incest and the Medieval Imagination* (Oxford: Clarendon Press, 2001), 111-13.

성 젤레르트의 생애: Gabor Klaniczay, '"Popular Culture" in Medieval Hagiography and in Recent Historiography', in Paolo Golinelli(ed.), *Agiografia e culture popolari. Hagiography and Popular Culture. In ricordo di Pietro Boglioni* (Bologna: CLUEB, 2012), 7-44, at pp. 17-18.

에섹스의 인게이트스톤에서: Judith M. Bennett, *Ale, Beer, and Brewsters: Women's Work in a Changing World, 1300-1600* (New York: Oxford University Press, 1996), 159; 유대인 산파: Monica H. Green and Daniel Lord Smail, 'The Trial of Floreta d'Ays(1403): Jews, Christians, and Obstetrics in Later Mediecal Marseille', *Journal of Medieval History* 34(2008), 185-211.

제3장 기독교의 구원

아일랜드 시인: *Early Irish Satire*, 4; 성 제노베파: Lisa M. Bitel, *Landscape with Two Saints: How Genovefa of Paris and Brigit of Kildare Built Christianity in Barbarian Europe* (Oxford: Oxford University Press, 2009), 55-7.

성 바르바투스의 삶: Paolo Squatriti, *Landscape and Change in Early Medieval Italy: Chestnuts, Economy, and Culture* (Cambridge: Cambridge University Press, 2013), 1-3.

올라프 왕: Stephen A. Mitchell, *Witchcraft and Magic in the Nordic Middle Ages* (Philadelphia: University of Pennsylvania Press, 2011), 92-3.

리브족: Alan V. Murray 'Henry the Interpreter: Language, Orality and Communication in the Thirteenth-Century Livonian Mission', in *Crusading and chronicle Writing on the Medievel Baltic Frontier: A Companion to the Chronicle of Henry of Livonia*, ed. Marek

Tamn, Linda Kaljundi and Carsten Selch Jensen (Farnham: Ashgate, 2011), pp. 107–34, at 107-108.

두오다: Janet L. Nelson, "Dhuoda on Dreams', in Conrad Leyser and Lesley Smith(eds.), *Motherhood, Religion, and Society in Medieval Europe, 400-1400: Essays Presented to Henrietta Leyser* (Farnham: Ashgate, 2011), 41-54.

성 레오바의 생애: *Anchoress and Abbess in Ninth-Century Saxony: The Lives of Liutbirga of Wendhausen and Hathumoda of Gandersheim*, trans. with an introduction by Frederick S. Paxton, (Washington(DC): Catholic University Press, 2009), 43.

콜바츠: Emila Jamroziak, *Survival and Success on Medieval Borders: Cistercian Houses in Medieval Scotland and Pomerania from the Twelfth to the Late Fourteenth Century* (Turnhout: Brepols, 2011), 85; 뢰굼: James France, *Separate but Equal: Cistercian Lay Brothers, 1120-1350* (Collegeville (MN): Liturgical Press, 2012), 4; 하투모다: *Anchoress and Abbess in Ninth-Century Saxony*, 69.

여왕 만세: Caesarius of Heisterbach, *The Dialogue on Miracles*, trans. H. von E. Scott and C. C. Swinton Bland, with an introduction by G. G. Coulton (London: G. Routledge and Sons, 1929), 497-8.

덴마크의 프란체스코파: Hans Krongaard Kristensen, *The Franciscan Friary of Svendborg* (Svendborg: Svendborg Country Museum, 1994), 11.

제4장 왕권, 영주권 그리고 정부

용어와 조약: Jenny Benham, 'Law or Treaty? Defining the Edge of Legal Studies in the Early and High Medieval Periods', *Historical*

Research 86(2013), 487-97; at p. 495.

제5장 교역, 환경 그리고 자원

삼림지: Squatriti, *Landscape and Change in Early Medieval Italy*.

물의 공급: Paolo Squatriti, *Water and Society in Early Medieval Italy, AD 400-1000* (Cambridge: Cambridge University Press, 2009).

강으로 추락한 소년의 묘사, British Library Yates Thompson 47, fo. 94v, 1461-c.1475

아이슬란드의 연어: Steinar Imsen(ed.), *The Norwegian Domination and the Norse World, c.1100-c.1400* (Trondheim: Tapir Academic Press, 2010), 128.

제6장 '타자'의 '중세'

흐라바누스 마우루스: Julia M. H. Smith, *Europe after Rome: A New Cultural History 500-1000* (Oxford: Oxford University Press, 2005), 232.

게자: Smith, *Europe after Rome*, 235.

제7장 우리의 일상생활 중의 '중세'

파리 대학: Ian P. Wei and Adam R. Nelson(eds.), *The Global University: Past, Present, and Future Perspectives* (New York: Palgrave Macmillan, 2012), 133-51, at p. 135.

오키타니아의 음유시인: Sarah Kay, *Parrots and Nightingales: Troubadour Quotations and the Development of European Poetry* (Philadelphia(PA): University of Pennsylvania Press, 2013), 57.

더 읽어야 할 책

다음은 독특한 조사연구와 해석으로 인해 우리가 500~1500년
대에 대하여 생각하는 방식에 영향을 미친 몇 가지 책들이다.

Marc Bloch, *Feudal Society* (London: Routledge and Kegan Paul, 1961).

Jacques Le Goff, *Medieval Civilization, 400-1500*, trans. Julia Barrow
(Oxford: Basil Blackwell, 1988).

Henri Pirenne, *Medieval Cities: Their Origins and the Revival of Trade*,
trans. Frank D. Halsey (Princeton (NJ): Princeton University Press,
1969).

Eileen Power, *Medieval People* (London: Methuen, 1924).

Richard W. Southern, *The Making of the Middle Ages* (London:
Hutchinson's University Library, 1953).

제1장 '중간'의 시대?

Robert Bartlett, *The Making of Europe: Conquest, Colonization and Cultural Change*, 950-1350 (London: Penguin, 1994).

Nora Berend (ed.), *Christianization and the Rise of Christian Monarchy: Scandinavia, Central Europe and Rus' c.900-1200* (Cambridge: Cambridge University Press, 2010).

Michael Camille, *The Gargoyles of Notre-Dame: Medievalism and the Monsters of Modernity* (Chicago: University of Chicago Press, 2009).

Yitzhak Hen, *Roman Barbarians: The Royal Court and Culture in the Early Medieval West* (Basingstoke: Palgrave Macmillan, 2007).

William C. Jordan, *Europe in the High Middle Ages* (London: Allen Lane, 2001).

Jonathan Riley-Smith, *The First Crusade and the Idea of Crusading* (London: Athlone, 1993).

Julia M. H. Smith, *Europe after Rome: A New Cultural History 500-1000* (Oxford: Oxford University Press, 2005).

Chris Wickham, *The Inheritance of Rome: A History of Europe from 400 to 1000* (London: Alan Lane, 2009).

제2장 중세 사람들과 그들의 생활 양식

Joan Cadden, *Meanings of Sex Difference in the Middle Ages: Medicine, Science, and Culture* (Cambridge: Cambridge University Press, 1993).

Heinrich Fichtenau, *Living in the Tenth Century: Mentalities and Social Orders*, trans. Patrick J. Geary (Chicago: University of Chicago Press,

1991).

Paul Freedman, *Images og the Medieval Peasant* (Stanford (CA): Stanford University Press, 1999).

Maurice Keen, *Chivalry* (New Haven (CN): Yale Nota Bene, 2005).

Phillipp R. Schofield, *Peasant and Community in Medieval England, 1200-1500* (Basingstoke: Palgrave Macmillan, 2003)

제3장 기독교의 구원

Paul Binski, *Becket's Crown: Art and Imagination in Gothic England, 1170-1300* (New Haven (CN): Yale University Press, 2004).

Peter Brown, *The Rise of Western Christendom: Triumph and Diversity, A.D.200-1000*, 10th anniversary rev.edn (Chichester: Wiley-Blackwell, 2013).

Caroline Walker Bynum, *Holy Feast and Holy Fast: The Religious Significance of Food to Medieval Women* (Berkeley (CA): University of California Press, 1987).

Patrick Geary, *Living with the Dead in the Middle Ages* (Ithaca (NY): Cornell University Press, 1994).

Jacques Le Goff, *The Birth of Purgatory*, trans. Arthur Goldhammer (Aldershot: Scolar, 1990).

제4장 왕권, 영주권 그리고 정부

Sverre Bagge, *From Viking Stronghold to Christian Kingdom: State Formation in Norway, c.900-1350* (Copenhagen: University of

Copenhagen Press, 2010).

Thomas N. Bisson, *The Crisis of the Twelfth Century: Power, Lordship, and the Origins of European Government* (Princeton (NJ): Princeton University Press, 2009).

Susan Reynolds, *Fiefs and Vassals: The Medieval Evidence Reinterpreted* (Oxford: Oxford University Press, 1994).

John Watts, *The Making of Polities: Europe, 1300-1500* (Cambridge: Cambridge University Press, 2009).

제5장 교역, 환경 그리고 자원

Olivia Remie Constable, *Housing the Stranger in the Mediterranean World: Lodging, Trade, and Travel in Late Antiquity and the Middle Ages* (Cambridge: Cambridge University Press, 2003).

William C. Jordan, *The Great Famine: Northern Europe in the Early Fourteenth Century* (Princeton NJ): Princeton University Press: 1996).

Paolo Squatriti, *Water and Society in Early Medieval Italy* (Cambridge: Cambridge University Press, 1998).

제6장 '타자'의 '중세'

Anna Sapir Abulafia, *Christian-Jewish Relations, 1000-1300: Jews in the Service of Medieval Christendom* (Harlow: Pearson Longman, 2011).

Dominique Iogna-Prat, *Order and Exclusion: Cluny and Christendom Face Hersy, Judaism, and Islam(1000-1150)*, trans. Graham Robert Edwards (Ithaca (NY): Cornell University Press, 2002).

R. I. Moore, *The Formation of a Persecuting Society: Authority and Deviance in Western Europe 950-1250*, 2nd edn (Oxford: Blackwell, 2007).

David Nirenberg, *Communities of Violence: Persecution of Minorities in the Middle Ages* (Princeton (NJ): Princeton University Press, 1996).

제7장 우리의 일상생활 중의 '중세'

Christopher de Hamel, *Bibles: An Illustrated History from Papyrus to Print* (Oxford: Bodleian Library, 2011).

Christopher Page, *Discarding Images: Reflections on Music and Culture in Medieval France* (Oxford: Clarendon, 1993).

Ian Wei, *Intellectual Culture in Medieval Paris: Theologians and the University c.1100-1300* (Cambridge: Cambridge University Press, 2012).

찾아보기

────────

옮긴이 이종인

1954년 서울에서 태어나 고려대학교 영어영문학과를 졸업하고 한국 브리태니커 편집국장, 성균관대학교 전문번역가 양성과정 겸임교수를 역임했다. 현재 인문사회과학 분야의 전문번역가로 활동 중이다. 옮긴 책으로『신의 사람들』,『중세의 가을』,『호모 루덴스: 놀이하는 인간』,『평생독서계획』,『폴 존슨의 예수 평전』,『신의 용광로』,『게리』,『정상회담』,『촘스키, 사상의 향연』,『폴 오스터의 뉴욕 통신』,『고전 읽기의 즐거움』,『폰더 씨의 위대한 하루』,『성서의 역사』,『축복받은 집』,『만약에』,『영어의 탄생』 등이 있고, 편역서로『로마제국 쇠망사』가 있으며, 지은 책으로는『살면서 마주한 고전』,『번역은 글쓰기다』,『전문번역가로 가는 길』,『지하철 헌화가』 등이 있다.

중세

2016년 4월 10일 초판 1쇄 인쇄
2016년 4월 15일 초판 1쇄 발행

지은이 | 미리 루빈
옮긴이 | 이종인
펴낸이 | 권오상
펴낸곳 | 연암서가

등 록 | 2007년 10월 8일(제396-2007-00107호)
주 소 | 경기도 고양시 일산서구 호수로 896, 402-1101
전 화 | 031-907-3010 팩 스 | 031-912-3012
이메일 | yeonamseoga@naver.com
ISBN 978-89-94054-88-9 04920 978-89-94054-86-5(총서)

값 13,000원